学霸小习惯

廖恒 著

天津出版传媒集团

天津教育出版社
TIANJIN EDUCATION PRESS

前言

清北学霸的学习习惯，你一个月就能全部习得

即使你已经看过上百上千本关于学霸学习方法的书，这本书你也一定不能错过。接下来，我分两个部分来告诉你为什么。

一、学霸的习惯就是他们"深入骨髓"的学习方法

在这本书中，我同你分享的学霸的学习习惯，就是他们习以为常、深入骨髓的学习方法，它们太宝贵了！

我花了两年多深度采访了上百位考上清华大学（以下简称"清华"）和北京大学（以下简称"北大"；清华大学和北京大学，以下简称"清北"）的学霸。采访过程中，我发现了一件特别有意思的事：当我直接问他们有什么特殊的学习方法时，他们通常答不上来，但当我不断地追问他们的学习过程、提高成绩的经历，甚至成长故事时，他们又会说出一些让人眼前一亮的学习方法。于是我会说："这不就是你的学习方法吗？"

他们的反应却是："啊？这也算学习方法吗？我一直都是这么做的，学习不就应该这么做吗？"

比如，我曾经问一个北大女生，有没有压箱底的学习方法。她的第一反应是觉得自己没有什么特别的方法。我继续追问："那你可以简单描述一下你每天是怎么学习的吗？"

她接着说，她每天都有自己的计划，不同的时间段安排好要做什么事情，然后就一件一件地去做。并且每做一件事之前，她都会把前一天的东西先复习一遍。

当她说到这里，我就知道"这就是一种方法"。于是我马上说："你可以举一个例子吗？"她说："比如，做今天的数学题之前，我会先把今天上课，甚至昨天学过的数学知识，还有做过的题目都复习一下，再开始做今天的题目。"

我接着问她："那你为什么要在学习之前先复习呢？"她有点惊讶地说："这是必须的啊！学过的东西很容易忘，而且通常一遍不能保证完全学会，所以肯定需要多次巩固；而新的知识一般都会和前一天学的东西有联系，如果先复习一遍之前学的内容，自然就会更容易学会新内容，学习的难度也降低了。"

这就是一个非常典型的例子，这位北大女生的学习方法就是"学习之前先复习"。如果我不去追问，她自己都没有意识到她的这个学习方法有什么特别之处。因为在她的眼里，学习就应该是这样的，她每天都在这么做，这已经成了一种习惯。

因此我整理、总结了采访中学霸们提到的习惯，这些都是他们最常用的、可能自己都没意识到的方法，却主导着他们学习的全过程。一旦养成这些习惯，就获得了最宝贵的学习方法。

二、28个学霸小习惯，一个月就能全部习得

在上一部分中，我提到了，这些学霸小习惯都极为宝贵。因此，我在构思这本书的结构时，也非常用心和谨慎，因为我想：如此有价值的东西，应当用最直接、最方便接受的方式来呈现。具体如下。

1. 习惯精：对上百位清北学霸学习习惯的精心总结

我采访了上百位清华北大的学霸，收集到的习惯，远远不止这28个。但我挑选出来的这28个学霸小习惯，是其中的精华，普适性更强，效果显著，且容易养成。

2. 习惯全：四大类学习习惯，学习成长全覆盖

虽然本书只收录了28个学霸小习惯，但是这28个习惯，却覆盖了"学习、考试、生活、成长"的方方面面。

根据实际需要，我把这28个习惯分成了四种类型，分别是：在每天的学习中都应该养成的习惯，帮助提高学习效率的习惯，有效提高考试分数的习惯和保持良好学习状态的习惯。每类习惯中有七个具体的习惯，因此，可以每日学习1个

习惯，四周，即一个月就能习得所有的学霸习惯。从此变得会学习、爱学习，让努力学习也真正变成一种习惯。

由于在学生阶段，一个好习惯的养成其实离不开家长的监督和配合，因此本书还针对家长，提供了一些可操作方法，来帮助你真正养成这些习惯。

3. 学得会："案例—解析—养成"，科学三步讲述每个习惯

为了让每一个习惯都能被真正理解，本书讲解每个习惯时都将按照"学霸案例、习惯解析、习惯养成"这三步进行。

首先，分享清北学霸的真实案例，让你像读故事一样，不知不觉对习惯有了一个认知；习惯解析，则是通过科学的分析，让你明白每个习惯的关键点以及核心作用；习惯养成，则是告诉你，具体应该怎么做。通过以上三步，你就能自然而然地养成这些习惯了。

这里需要说明一点，虽然书中出现的大多数案例都围绕着高考，但是这些习惯都是越早养成越好，很多清北学霸都是从小养成了某些习惯，日复一日，才取得了优秀的成绩。

因此无论你处于哪个年龄段，相信这本书都能给你的学习提供很大的帮助。

很高兴你能看完这篇前言。我相信，此刻，你已经迫不及待要往后翻，进入这本书的正文部分，来真正了解、养成这28个学霸小习惯了！

那就马上出发吧！祝你学习顺利！

廖恒

2023 年 7 月 15 日于北京市海淀区

目录

第二周养成：精细提效习惯
让学习时刻保持高效

第三周养成：考试必备习惯
让考场得分最大化

第四周养成：学霸生活习惯
让学习状态保持最佳

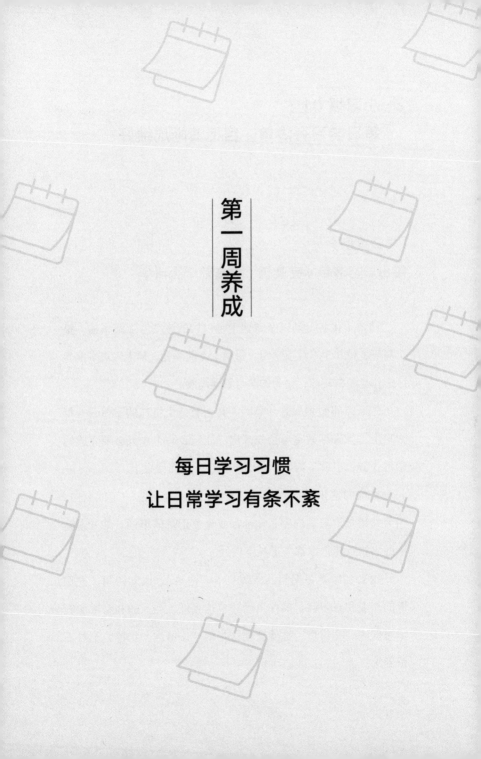

第一周养成

每日学习习惯
让日常学习有条不紊

✎ 小习惯 01：
每日学习有清单，目标清晰成绩好

『学霸案例』

每日学习清单学完就扔，全省前十上清华

林洁（化名）是以全省前十名以内的成绩考上清华的。整个高三，她几乎不熬夜学习，每晚十点前睡觉，早上六点半前起床，作息非常规律，整天的学习都很高效。

之所以能做到如此，是因为林洁有一个特殊的习惯——每天早上，她来到教室后会先拿出一张纸，写上今天必须完成的学习任务，也就是列好学习清单，然后贴在课桌上。

林洁的这张纸不会太小，列出任务后，还有一定的空白。当天如果学到新的内容，比如需要重复记忆的单词、某一道题中的出错点等，她都会记在空白处。

她会利用学习期间的空隙打卡"清单"，比如课间、去吃饭的路上和自习课，确保自己完成这张纸上当天的和新增加的学习任务。完成后，她就会把这张纸"无情地"扔掉，绝对不留到第二天。

林洁刚上高三的时候，成绩并不能排进年级前十，但最终她以全省前十的高考成绩进入了清华，这个学习习惯功不可没。

『习惯解析』
只要学习不欠账，你的成绩就不会差

"每日学习有清单"这个习惯有两个极其重要的作用。

一、长期作用：保持良好的成绩

所有同学都是从零基础开始学习的，每天听着同样的课、学着同样的内容。如果你能从学习的第一天起，就列好自己的学习清单，并确保"今日事今日毕"，第二天，再继续。如此往复，你就能完成所有的学习任务了，也能保持良好的成绩。因为你从第一天开始，该学的知识都已经学会了。

相反，如果你没有做到"每日学习有清单"，或是"今日事今日毕"，并且后来也没有及时补完之前的任务，那你的学习可能就"欠账"了。在每个科目的学习中，后面的知识都是以前面的知识为基础，环环相扣的。随着你没有完成的学习任务越来越多，知识漏洞会越来越大，进入恶性循环。

你可能会担心，之前没有养成这个习惯，现在是不是来不及了？其实你还是可以根据自己的学习情况，制订每日学习计划，一点一点地去完成，做到"今日事今日毕"就可以了。

相信只要坚持一段时间，你就能看到自己的成绩有所提高，你对学习就会越来越有信心，学习效率也会越来越高，成绩自然就变好了。

二、短期作用：保证每天学习的高效率

"每日学习有清单"是保证每天高效学习的利器，主要有三个原因。

第一，督促你完成每天的学习任务。

"每日学习有清单"就像一个指导和检验每天学习情况的工具，只要你按照清单，一件事一件事地去做，就能完成每天的学习任务。

你有没有遇到过这样的情况？你原以为做完了当天的所有事情，正准备睡觉，却突然想起还有某个学习任务没有完成，只能爬起来再学习。可那时已经晚上十点多了，学完就到十二点多了，第二天早上起来，脑袋肯定昏昏沉沉，一整天的学习效率都会受影响。

现实中常会出现突发状况，导致某个学习任务被遗漏。如果在每天的学习结束后，你都能用清单来检验学习任务是否完成，就可以避免遗漏。

第二，让你每天的学习更有序。

在学生阶段，同学们管理事务的能力和专注力等，都还不够完备，在学习上，很容易进入无序的状态，学习效果自然不佳。

有些同学明明每天在学习上花的时间也不少，但成绩就是提不高。这是因为他们的学习缺少计划，时间安排杂乱无序。比如，刚背了一会儿语文课文，突然想起今天的英语单词还没有背，就马上去背英语单词；背了一会儿英语单词，想起来数学题还没有做完，又马上去做数学题。一会儿学这个，一会儿学那个，学习计划非常乱，每项任务都没有完成，学习效果可想而知。

但是，如果有以上问题的同学每天先写好学习清单，列好在哪一个时间段做哪件事，就可以避免这种杂乱无序的情况。学习变得有序了，学习效果自然就会好很多。

第三，让你每天都有更好的学习状态。

"每日学习清单"可以帮你节约学习精力。

如果你不做"每日学习清单"，就得靠自己的脑子记住每天要做的事情，这会消耗掉宝贵的精力。一边学习，一边想着还要做啥事，你也难以集中精力去学习。你甚至还很可能出现这样的情况：当完成一项学习任务后，准备开始下一项学习任务时，却怎么都想不起来要做什么。

相反，如果你直接列好"每日学习清单"，你就不用想也不用记了。全天的学习都变得有条不紊，你就能专心致志地学习了。而且，按照列好的清单进行学习，做完一件事就打个钩，看着任务一件一件搞定的时候，你将获得不小的成就感。长此以往，你的学习状态自然会更好。

『习惯养成』
三种形式的学习清单，保证完成是第一位

如何养成"每日学习有清单"和"今日事今日毕"的小习惯呢？把握三个原则，就很容易做到。

一、保证完成

很多同学列学习清单时，会一下子列很多任务，其实这样并不科学。如果当天的学习任务列得太多，就可能完不成，久而久之，每日学习清单就形同虚设。

列每日学习清单的目的不是列清单本身，而是"今日事今日毕"。所以，我们列清单必须量力而行。如果你每天都不能完成清单上的任务，那就应该马上调整，减少每天的学习任务；如果你每天完成学习清单后还有大把的时间，那就应该增

加每天的学习任务。总之，你需要根据实际执行的情况，也就是完成度，来调整每天的学习任务量，最终开列出一个合理的每日学习清单。保证扎实地完成每一项学习任务是第一要务。

二、在固定的时间段里列出学习清单

养成习惯的一个非常好的方法，就是在某一个固定的时间段里做某一件事。有两段适合列出每日学习清单的时间。一是前一天的晚上。当你完成一天的学习任务后，可以列出第二天的学习清单。比如某一个知识点今天已经学了一半，明天要学另外一半，你就能很容易地列出来。这样，你第二天一大早只需要拿出清单，就知道今天要完成哪些学习任务。

另一段时间就是每天早上。早上人的头脑通常比较清醒，学习之前，先认真想好当天要完成的任务，你就能列出学习清单。你还可以在上学的路上想清楚要做的事，到了学校马上写下来。

不过，我个人比较推荐第一种方式。毕竟每天早上想当天的学习任务，本身就是一件相对"烧脑"的事情，不如直接对着清单开始学习来得轻松。

三、三种每日学习清单的形式

那么，每日学习清单到底该怎么准备呢？给同学们推荐三种形式，每一种都有学霸使用过。

第一种：按照轻重缓急来开列。

这是最简单的形式，在你的笔记本上，或者一张纸上，列出今天要做的事情，按照"1.……""2.……""3.……"的形式写下来。

建议把你认为当天最重要的学习任务写到最前面，按照重要程度依次往下，这样你就能按照轻重缓急，一件一件地完成。即使你当天无法完成所有学习任务，也至少能保证完成重要的事项。

你还可以给某些事情写上具体的完成时间，到点马上去做，这样能增强执行力。

第二种：按照学习科目来开列。

你也可以按照学习的科目来列清单。现在还有一些专门按照科目分类的每日学习计划本，你可以直接在某个科目里填上这个科目当天要做的事情。

第三种：按照时间来开列。

按照每天学习的时间来列清单，也是一种不错的选择。这种方法执行起来也很简单，就是列出从早到晚的每个时间段，以及分别要完成哪些学习任务。这种方法对于希望严格控制自己的学习的同学来说，是一种不错的选择。但计划赶不上变化，这种方法的缺点是，如果在计划好的时间段里，你不得不去干另外的事，你的学习就会被打断。建议每天留出一段富余的时间，专门用来做因为意外而没有完成的事情。

今日任务
1.进行数学试卷分析（10:00—11:30）
2.预习语文第三单元
3.整理物理错题
4.……
5.……

今日任务	
语文	1.背两首古诗 2.完成练习2 3.……
数学	1.整理错题 2.……
英语	无
其他	预习化学

今日任务
8:00—9:30 完成英语练习 9:45—10:30 完成数学练习 ……

以上三种形式，各有优劣，选一种适合自己的就行。你也可以创造出适合自己的形式，比如我们提到的林洁，她就是把当天要学习的一些零碎的知识，直接记在学习清单上。

无论如何，"每日学习有清单"的目标是"今日事今日毕"，不是给自己增加负担。有些同学把这个学习清单做得花里胡哨，甚至做成很精美的手账，做完却发现一个小时过去了，这就本末倒置了。

✎ 小习惯 02：
每天预习半小时，遥遥领先第一步

『学霸案例』
坚持预习两个月，从成绩中等到名列前茅

　　初中时成绩还不错的浩然（化名）考上了当地的重点高中，可是刚上高一，浩然就明显感觉到高中的学习难度要比初中大很多，他一下子手忙脚乱起来，即使每天学习到很晚，还是不能完成当天的学习任务。

　　在高一的期中考试排名中，浩然是全年级的三百多名。整个年级有七百多人，这个成绩算是中等。

　　看到浩然的成绩，浩然的爸爸妈妈也很着急。于是，浩然的妈妈问班主任有什么解决办法。班主任询问了浩然的具体情况，浩然也客观地描述了——他觉得高中的知识太难了，尤其是数学和物理。本来在浩然中考时，这两科的成绩都接近满分，但是现在竟然连上课讲的知识也听不懂了，即便他每天都在课后拼命学习，依然收效甚微。

　　浩然的班主任问他："有没有在学之前预习过？"浩然表

示没有，并说自己一直都没有预习的习惯。

班主任告诉浩然，初中的内容相对简单，不预习可能也可以学好，但是高中的学习难度大增，不预习可能就会学得非常吃力。老师让浩然在结束当天的学习后，每天花半小时预习数学和物理第二天要学的内容。

浩然照着班主任的要求做了，很快发现上课能听懂了，课后的习题也都能很轻松地做出来。随着这两科的学习变顺畅，整体的学习状况也有所改善。

在两个月后的期末考试中，浩然进步到了年级一百五十多名。感受到预习的强大效果后，他就一直把这种习惯坚持了下来。高二的时候，浩然进入了年级前三十名，并最终以年级前五的成绩考上了北大。

『习惯解析』
让学习难度大降，让你遥遥领先

在上文的学霸案例中，虽然不是"预习"这一个方法就直接决定了浩然同学考上北大，但换一个角度来看，如果不是因为养成了预习的习惯，让学习变得从容，他是不可能考上北大的。

我采访过的清华北大学霸几乎都有预习的习惯。绝大多数成绩不好的同学，也可以通过养成预习的习惯，让自己实现逆袭。

预习有两大好处。

第一，让学习难度大大降低。

在网上有个笑话，一个高一的学生上数学课时，掉了一支笔在地上，低头把笔捡起来后，再接着听讲，就听不明白了。一直到高中毕业，他的数学课再没听明白过。

虽然这个笑话有些夸张，但也从侧面反映了高中数学课堂内容的难度。虽然不是每一个科目都这么难，但是每一位同学都会有不太擅长的科目。而预习就可以降低学习难度。

提前预习当天需要学习的内容，就对要学的新知识有了第一遍理解，上课听讲的时候，就已经是你的第二遍学习了，自然难度要小很多。

即使现在你没有预习，学习成绩也还不错，我还是建议你开始使用这个学习方法。相信我，多预习一遍，你的学习效果会更好。

第二，让你遥遥领先。

在中考和高考（后文统称为"中高考"）中，决定你能上什么样的学校的不是分数，而是你的名次。

虽然预习是一个很重要的学习习惯，但养成这个习惯的同学并不多，所以如果其他同学都不预习，而你预习，你或许就能一鸣惊人，遥遥领先。

『习惯养成』
坚持提前一天预习，难度更小效果更佳

预习的习惯该如何养成呢？你需要选择合适的时间。较为科学的时间是在你完成当天某一个科目的学习任务后，马上预习这个科目第二天要学习的内容。原因有两点。

首先，今明要学的知识基本都是前后相连的，你可以趁热打铁，预习的难度就会小很多。

其次，在这个时间点预习，你就不用另外专门花时间和精力，没有给你增添额外的学习负担。你轻轻松松地提高了成绩，看到了效果，自然就能坚持预习了。相反，如果你是早上起来预习，那就要专门花心思，可能还要先去翻看昨天学过的知识。况且早上的时间本来就紧张，你的预习难度就会增大，效果也未必会特别好。

总结下来，只要你能坚持在每天学习结束后预习第二天要学的知识，你就能很容易养成预习这个"投入小、收获大"的学霸小习惯。

✎ 小习惯 03：
"主动出击式"听讲,实现课堂每分钟的价值

『学霸案例』
听讲时复述和提问, 外向女生带领同学考高分

北大的严丽（化名），高三是在学校的"清北班"上的。她是一个外向的女生，很擅长把课堂 45 分钟的价值利用到极致。在上课时，她会"主动出击"。

当老师讲某一个知识点时，她会立马复述一遍，通过这种方式加深自己的印象和理解，也能紧跟老师讲课的节奏，避免走神。刚开始，为了避免影响他人，她复述的声音还比较小，但在不知不觉中，她的声音变大了，就像说话一样。结果，老师并没有说她，还有其他同学向她学习，复述老师说的知识点。

如果老师提问题，大家也都会主动抢着回答，不管对与错。回答对了，老师会肯定你；如果错了或者不够准确，老师也会指出你的问题，这样你就在课堂上解决了自己的问题，不用等到下课再专门去问老师了。

就这样，课堂上的氛围越来越好。最终，他们班的高考成

绩非常优秀，十多个同学考上了清华北大，其他的同学基本也考上了很不错的 985 大学。

『习惯解析』
把课堂上的每一分钟都变成自己的时间

其实在我们的学习过程中，有一个似乎无法调和的矛盾——每个学生的问题都不同，但是老师上的每堂课，对于所有学生来说，又都是一样的。

在北京，有一所知名的学校叫"十一学校"。最近几年，这所学校每年有七十名左右的学生考上清华北大。"十一学校"有一个非常独特的"走班制"。学校根据学生接受程度的不同，分层分类地教学。比如数学课被分成了不同的层级，学生可以根据自己的情况，选择合适的层级去上课，最终实现了"一人一课表"。

但不是每一所学校都能为每个学生量身打造一套精准的教学计划。

既然不能改变环境，我们就改变自己。所以，我们应该根据自己的学习需要，尽量把课堂的每一分钟都变成自己的时间，达成自己的学习目的。

『习惯养成』
要有明确的目的，更要主动参与

要想养成"课堂上主动出击"的习惯，需要做到如下两点。

一、带着目的去听讲

之前讲了要养成预习的习惯，那在预习中没有搞懂的知识怎么办呢？其实，这些就是在听讲时最需要注意的地方，也是听讲的目的。

你可以在预习结束后，列出"课堂听讲目标清单"，包括要着重去听的地方和要完成的主要任务等。在上每一堂课前，都要知道在这堂课上主要听什么、做什么，从而把这节课讲的新知识完全理解。

二、深度参与课堂

这个习惯的本质是你根据自己的学习目的，真正参与到每一堂课中去，而不只是做一个接受灌输的人。下面提供两种很容易做到这一点的方式。

第一种：主动参与课堂环节。

在课堂上，老师会专门设计提高参与度的环节，比如老师在课堂上的提问，或是要求大家做一些任务。

直接参与这些环节是最容易做到的。比如，严丽的案例就讲到了，课堂上无论回答是对是错，你都会有收获。所以，一定要抓住课堂互动的环节。

第二种：自己制造参与的机会。

严丽会主动复述老师讲的知识；老师提问后，在没有明确指定谁回答的时候，她也会去主动参与。其实，这些都是她在给自己制造参与的机会。

你这节课的目标，就是学明白课上的所有内容，但凡有不懂的地方，你都可以主动在课堂上提出来。或者，你虽然听懂了，但是好奇某个相关的问题，你可以举手求教。

你可能会担心，总是举手、提问，不仅影响全班的上课进度，还可能让老师觉得，你为什么问题这么多？

其实，这种担心是有些多余的。我和很多老师沟通过，只有极少数学生在课堂上特别活跃，如果你喜欢提问，老师会觉得你很爱学习。这种主动学习、主动思考和主动提问的学生，是很受老师欢迎的。

当然，如果是老师在课堂上已经讲清楚了的问题，你没有认真听就提问，这种情况会不太受老师欢迎。再或者，你的问题实在太多，影响了教学，那老师也许会等到下课了再单独为你解答。

✎ 小习惯 04：
课后三分钟总结，投入少、收获大的小诀窍

『学霸案例』
利用好课后黄金三分钟，运动男孩轻松上清华

马阳（化名）是一个很喜欢运动的男生，尤其打篮球，是校队的主力。他每天都要去打球，平时还会积极参与校队的训练。这些都使他的学习时间比许多同学少。

但从高一开始，他的成绩就一直名列前茅，这是因为他从小学开始，就养成了一个学习习惯——每节课下课后，不立马去玩，而是先回顾、总结这节课学习的内容，确保都学明白了的同时，还能掌握得更扎实。马阳说，每次的课后总结只需要三分钟左右，如果超过了五分钟，那大概率就是有知识没能在课堂上全部理解，就需要额外花时间了。

马阳的这个习惯传承自他的爸爸。马阳的爸爸是一位工程师，也曾是一位学霸，当年读书自己摸索有没有方法，能让学习效率大幅提升，于是就有了"课后三分钟总结"的习惯，最终他也从一所县城高中考上了当年的重点、如今的一所985

大学。

马阳坦言，他在学习上花的时间相对不多，即使在高三，他也会争取参加每场篮球比赛。他的成绩一直很好，这个习惯功不可没。

最终，马阳在学习和运动两不误的情况下，以全省前五十名的成绩考上了清华大学。

『习惯解析』
"检测＋记忆＋输出"，三分钟达成三重效果

为什么"课后三分钟"能有如此好的学习效果呢？这主要是因为，通过课后总结，就能在短短的三分钟内完成三重学习。

第一重：检测

一堂课结束后马上进行课后回顾总结，在这个过程中，就能知道你是否理解了课堂上教的所有内容，很容易发现还存在的问题。有些问题你通过看书或者回忆课堂内容也许能够马上解决，但是有些可能需要你额外花时间钻研。不管怎样，解决了这些问题，就学明白了整堂课的知识。日复一日，你的成绩便不会太差。

第二重：记忆

回顾、总结的过程相当于重新学习、记忆一遍。这样，你的印象会更深，理解得也更好，学习效果自然更显著。

第三重：输出

在一堂课的主要时间里，老师会用不同的方式讲解某几个重要知识点，其实要学习的内容并没有那么多。因此，"课后三分钟总结"就相当于你把知识理解、内化成自己的之后，再把课堂要点总结出来。可能会有同学说，这个总结对我来说太难了。你不用着急，因为老师在每一堂课开始之前，都会告诉大家这节课会讲什么，这就是在概述这节课的核心内容；在每节课结束的时候，老师也会总结这节课的核心要点。其实，老师开头的概述和结尾时的总结，就是你需要总结的要点。

比如，某一堂数学课，老师讲的是"行程问题"。这堂课开始的时候，大概率会先简单讲一下什么是行程问题，还会讲这堂课会通过哪几个方面来解释。接着老师就按照这个框架讲课。快要下课时，老师基本讲完了，接着就会对这节课所教的内容进行总结。

所以，上课听讲时，除了听预习时不太懂的地方，老师的开头概述和结尾总结，也都是你要认真听的地方，这就是老师在帮你把零散的内容变得系统化。形成整体的理解后，课后做总结基本就是重复老师在这两个部分讲的内容，会容易很多。

『习惯养成』
从最容易的方式开始，逐渐形成自己的模板

很多同学到快下课的时候就坐不住了，只想着下课了出去玩，那怎样才能安心在课后进行三分钟的总结呢？除了要在心理上意识到这件事的重要性，我们还可以按照如下三步去做。

一、写进每日学习清单

这一章提到的第一个小习惯，就是要列出每日学习清单，那么你可以把"要课后总结"这件事写进你的每日学习清单上。这样，就能时刻提醒自己。

二、用最低难度的方式开始

回顾总结每节课学习的内容有很多种方式，你可以找一个难度最小的方式开始，别管效果怎么样，先行动起来。

比如，在你下课出去透气，或者上厕所的时候，尝试在脑海中回顾上一堂课学习的内容，回教室后，趁着下一堂课的上课铃声还没有响，试着把刚才回顾总结的东西写在笔记本上。

多坚持几天，你会发现你的学习容易了很多，上课更能跟上老师的节奏了，考试成绩也提高了。

当然，这是我假设的一个场景，你可以找到一个你觉得最

容易的方式。比如，你总是喜欢下课后找同学聊天，那你们也可以顺带聊一聊这堂课学的知识，这也是回顾总结。

三、形成自己的模式

在培养"课后三分钟总结"这个习惯的过程中，你大概率都会找到一个最适合自己的方式，你可以把这种方式固定下来，形成自己的模式。

在这里，我也给同学们推荐两种做课后回顾总结的方式，供你挑选使用。

第一种：总结成笔记。

下课后，你可以马上在自己的笔记本上，写下这堂课的核心要点。如果不能顺利写出来，你可以翻开课本，或是看看课堂笔记，这样就能把学得不到位的地方再理解一遍。

在你的笔记本上，可以设置一个专门的板块，用来记录你自己总结的这堂课的核心内容，方便你日后复习查看。

第二种：在脑海中总结。

你还可以在去厕所的时候，在头脑中回顾总结，或是自言自语，讲这节课的核心内容，也可以讲给你的同学听。重要的是先有一个清晰的思路，再记在笔记本上。如果说的过程中有困难，那就翻看下教材和笔记。

✎ 小习惯 05：
做作业前先复习，学习效率至少高三倍

『学霸案例』
妈妈辅导作业鸡飞狗跳，老师出手一招搞定

　　成成（化名）小时候比较贪玩，上小学的时候，妈妈每天晚上回家都会辅导他做作业。可是，就如网上流行的那句话所描述的——平时母慈子孝，一辅导作业就鸡飞狗跳。成成有很多家庭作业都做不出来，但在妈妈看来，这些题目都很简单。即使妈妈很耐心地教，成成还是做得一般，所以妈妈就免不了发脾气。

　　虽然平时成成很贪玩，可上课时他还是会认真听讲。所以，每当妈妈说他学习不认真、只知道玩的时候，成成就会顶嘴，甚至和妈妈吵起来。

　　于是，成成的妈妈就去学校了解情况，结果老师反馈成成并没有特别贪玩，上课也都在认真听讲，还经常积极回答老师的提问。

　　成成的妈妈很不解："为什么成成回家做作业，总是有一

些题做不出来？有时候甚至是一些很简单的题目。"老师反问道："成成是不是回家后就直接做作业？"成成妈妈表示是的。

老师建议，让成成回家后先复习一下当天学过的知识，再开始做每一科的作业。

经过调整，成成做作业的速度快多了，每天都能按时休息，整体学习状态改善了很多。自此之后，成成的学习成绩也开始进步，考上了好的初中，再考上了重点高中，最终进入了清华。

『习惯解析』
做作业前先复习，是与遗忘对抗的有力武器

"做作业前先复习"这个习惯让成成的学习状态从紧绷变得从容。这是他学习过程中的一个重要转变，没有这个转变，可能他的学习就会进入恶性循环，考清华基本是无望的。

为什么这个习惯能有如此大的效果呢？核心原因是，"做作业前先复习"是对抗遗忘的关键武器。

请想象一下，放学回家做作业的时候，当天学习的新知识大概率都忘记了，或者没那么熟悉了。如果直接开始做作业，很多题可能就做不出来，这样你就会有挫败感，还耽误了时间。

所以，正确的做法是在做作业之前，先复习当天学习的内容。当你加深了一遍印象，又重新理解了一遍后，做起作业来就会又快又从容，学习效率能提高很多。

『习惯养成』
四步复习法，学习效率大提升

做作业前的复习，可以分科目来进行。按照如下四步，步步递进，不仅效果好，而且对知识的掌握会很牢固，整体的学习效率会大大提升。

第一步：主动回忆

你可以先"检测"，就是主动回忆。这样就能知道知识的掌握情况——还记得哪些？又忘记了哪些？

第二步：精读教材

不管是哪门科目，都要以理解为基础，而不是死记硬背。

所以，在主动回忆时，对于那些回忆不起来，或者理解得不太透彻的地方，可以打开教材，找到对应的内容，精读后再理解。你也可以查看自己的笔记，辅助理解。

第三步：看辅导书

如果经过前面两步，还是不能理解，那就需要寻求一些外部支援了。比如，你可以看与教材配套的辅导书，很多辅导书会有更详细的讲解。当然，你也可以搜索其他的讲解材料。

第四步：完善笔记

经过前面的三步，相信你已经把知识都理解了。如果在这个理解的过程中，你有新的收获，那就可以把这些新收获完善到笔记中，但也要记得之后再复习，这样这些知识才能真正变成自己的。

✎ 小习惯 06：
"不中断式"做作业，更容易发现你的问题

『学霸案例』

做作业不再让妈妈陪，贪玩男孩逆袭上清华

上一个习惯提到的成成还有一个比较严重的问题。

成成做作业的时候，他的妈妈总是陪在他的身边。一旦成成有什么题做不出来，妈妈就会马上告诉他怎么做。看着成成很多简单的题目都不会做，妈妈的脾气就上来了，声音也大了起来，做作业的氛围不可避免地变得紧张。

在做作业前先复习后，虽然成成不会做的题变少了，但还有一些题是比较难的，妈妈就会告诉他怎么做。在这个过程中，争吵也时有发生。

老师了解情况后，就让成成的妈妈不要再陪着他做作业了，而是在完成后检查，集中讲解做错的地方。

妈妈马上就做出了调整。成成做作业的效率提高了，学习氛围也变轻松了。

『习惯解析』
"不中断式"做作业，高效发现自己的问题

学习的最终目的，是掌握知识。

做作业能让你学会运用知识，从而更牢固地掌握知识。

做作业的时候，有些题目会做，就说明你已经掌握了某个知识；而那些不会的题目，就暴露了问题——可能是知识没有理解，或者是知识理解了但还不会运用。

如果写作业的时候一直被打断，比如，家长陪着你，看到错误就马上指出来，你就会很紧张。在紧张的氛围中做作业，本来会做的题目，也可能因为情绪不好而无法顺利做出来。这样，做作业就无法完全发挥它的作用。

所以，你要集中一段时间做作业，不会的题就空着，并标注，做完后，再针对这些不会的题目，找到问题，有针对性地解决。当你把这些问题都解决了，知识也就真正掌握了。

『习惯养成』
家长要学会放手，给孩子空间

这个习惯的养成本质上是父母的事。家长如果希望孩子的

学习达到最佳效果，要把握如下三个要点。

一、忍住别插手

很多家长非常操心孩子的学习，经常会陪着孩子做家庭作业，甚至做一道题就看一道题，孩子一旦出错，就立马跳出来给孩子讲。

上文已经讲了为什么不能这么做，相信各位家长已经明白了其中的利害关系。所以，家长一定要忍住，别插手，给孩子留出空间。

二、科学伴学

那是不是孩子回家后的学习就不管不陪了呢？其实也不是的。家长要做的是"科学地陪伴"，你可以在旁边做自己的事，比如看书，就是言传身教。但一定不要刷手机，否则孩子会感到不平衡："凭什么你玩手机，却要求我学习？"

三、需要时出现

家长要在孩子需要的时候出现。主要有以下两种情况。

第一种：在孩子求助时出现。

孩子求助于你时，你需要及时且用心地解答，不要觉得孩子的问题很简单，或觉得这是他们应该掌握了的东西，为此责怪孩子会大大挫伤他们学习的积极性。

第二种：在固定的学习环节里出现。

如果孩子有一些不会的题，并且无法自己弄明白，你可以和孩子约定一个做完作业后固定的学习环节，给他讲解这些题，也可以根据孩子的学习情况来安排别的内容。

🖊 小习惯 07：
睡前脑海"过电影"，快速回忆当日所学

『学霸案例』
每届都带出清北生，神奇高三老师有奇招

袁老师（化名）是一所县城中学的老师，他已经连续带了五届高三毕业班了，每一届都有同学考上清华北大。要知道，在这所县城中学，一年最多就两三个同学能考上清华北大，基本出自他带的班里。而且，他的班每年的一本率都要高过其他班级。

袁老师为什么这么厉害呢？

除了比多数老师盯得更严，他会让班里的学生每天都做好两件事，第一件事是列出每日学习清单，第二件事是睡前脑海"过电影"。这两件事分别发生在每天的一头一尾，他把这个方法叫作"抓一头一尾法"。他认为，如果这两点做到位，那么每天的学习效果就会有保障。

在本书的第一个学霸小习惯中已经讲过了如何开列每日学习清单，本篇重点来讲睡前"过电影"这个方法。袁老师要求

自己班里的同学，每天结束学习后躺在床上，不要直接入睡，而是花大概二十分钟，把当天学习的东西、做过的事情，都像"过电影"一样，整体过一遍。完成之后，再入睡。

『习惯解析』
睡前"过电影"的两大学习奇效

为什么袁老师只是对班里的同学额外提了两个学习要求，就能有如此好的效果呢？这是因为睡前"过电影"能让学习事半功倍。

一、睡前回忆当日所学，是对一天学习的重复与总结

入睡前，躺在床上，闭上眼睛，从第一节课开始，到最后一节课，像放电影一样回忆一遍，这就是重复记忆，会加深对当日所学知识的印象和理解。

另外，由于你记不住所有细节，所以自然就会主要回忆一些要点和结论等。这样就既有重复，又有总结，学习效果毋庸置疑会提升。

二、睡前回忆当日所学，能让你在睡梦中还在自动学习

中国有一句古话，叫"日有所思，夜有所梦"。也有脑科学研究表明，人在睡觉的时候，大脑其实并没有休息，而是在辛苦工作，把白天的信息加工、分类、整理。

尤其是在睡前一小时思考的内容，会在入睡之后通过大脑皮层不断重复。人的睡眠一般有三到五个睡眠周期，进入睡眠周期之后，睡前一小时的记忆内容会被大脑皮层机械性重复。也就相当于，你在睡前一小时记忆的知识点，会在你睡着后，在你的大脑中自动重复三到五次。你在睡梦中还在自动学习，是不是感觉赚到了？

『习惯养成』
两个原则轻松做到睡前"过电影"

怎么养成这个习惯呢？我们需要把握两大原则。

一、找一种合适的方式

推荐三种回忆方式，每一种都有学霸使用。

第一种：按时间顺序回忆。

这是最常见，也是最常用的一种。躺在床上，按照当天的时间顺序，从早上开始回忆。这种方式很容易上手，和按照时间顺序列出每日学习清单有异曲同工之处，优先推荐大家使用。

第二种：按科目回忆。

就像列出每日学习清单一样，你也可以按照科目来回忆。尤其是对于习惯按照科目来开列每日学习清单的同学来说，这个方法会更加适用。这也是对当日学习清单的一次检测。

第三种：挑重点回忆。

有同学会觉得，按照前两种方式，尤其是第一种方式，可能会控制不好时间，那么你可以先回忆当天学习中的重要任务，比如，新学的重点知识、刷过的关键题型等。

二、别用力过猛

学会了具体怎么做，你是不是跃跃欲试了呢？不过，要提醒一点，就是别用力过猛。

为什么这么说呢？毕竟这个动作是在睡前完成的，如果用力过猛就会影响休息，适得其反。具体而言，需要把握两点。

第一，别耗时太长。占用睡觉时间，或者压缩前面学习的时间，都是不合理的。

第二，别太深入细致。可能有同学会基于某一个细节使劲地回忆和思考，这样大脑就会进入兴奋的状态，导致难以入睡，影响了休息。

第二周养成

精细提效习惯

让学习时刻保持高效

✎ 小习惯 08：
做题之前想目的，做题之后想收获

『学霸案例』
做事必须有目的

　　小西（化名）在高一的时候，数学分数经常是 110 分左右，很显然，如果想考上清华北大，这个成绩是不理想的。所以她在数学上花了很多时间，做了很多题目，但是成绩一直都没有办法突破 120 分。

　　小西认真分析了情况，发现自己做题的时候，没有明确的目的，有时候还会遇到这样的情况：一道题思考了很久，但就是不会做，这给她带来很强的挫败感。

　　她决定秉承着"学习不能做无用功，每做一件事，我必须有收获"的原则，对于做不出来的题目，要么找到没有掌握的知识点，有针对性地逐一突破；要么改变解题思路。

　　经过这样的调整，小西的数学成绩很快就突破了 120 分，而且一直在提高。

　　她感受到了"带着目的学习"给自己带来的帮助，开始全面改善学习习惯。在做每一件事之前，她都会明确自己做这件事的目的，而不是盲目地开始。

比如刷数学题时，她的目的是"把同一个类型的题目拿下"。所以，她刷题时的关注点不在于能否全部做出来，而是怎么通过结合教材、辅导书和答案等一切可以利用的资源，把这类题目的知识运用、出题规律和解题思路等完全掌握。当她做完一定数量的习题后，会问自己是否真的"把同类题目拿下了"，如果"是"，那自己的收获和目的一致，她便完成了这项学习任务，达成了学习的目的。

后来，小西的各科成绩都有了明显的提升，她也把"做题之前想目的，做题之后想收获"当成了一个重要的学习习惯，学习也变得极为高效，从来不做无用功。

最终，她顺利地考上了北大，还是所在市的第一名。

『习惯解析』
只要不做无用功，学习慢点没关系

在《极简学习法》这本书中，我讲过极简学习的第一步就是"精准输入"。具体而言，就是根据学习的目的进行倒推，来了解要学的东西。如果是为了考试，那就要做到考什么学什么。

有很多同学很努力，但是成绩不好；而很多学霸，可能你看上去他没有花太多时间学习，但是成绩依然很好。这就是学习效率的差别。

怎么提高学习效率呢？要点之一就是"目的要明确"。如果你的目的不明确，那很可能你就是在盲目地学习，浪费时间是大概率事件。

用"背单词"举例。如果你的目的是"中高考快速提分"，那么你可以找到中高考的高频词，集中记忆。比如，遮住单词的中文意思，逐个检查自己能否看着英文单词想出中文释义。遇到不记得的，就专门记忆。为什么要这么做呢？因为在中高考的英语考试中，除了作文，你真正需要拼写单词的题目并不多，在大部分选择题里，你只要认识这些单词就可以了。所以，如果你只想在中高考中快速提分，那你只需要"认识单词"，这样你的学习效率就很高。当然，如果你还想整体提高自己的英语水平，那就不仅要认识这些单词，更要会拼写，并能灵活运用。

所以，通过"做题之前想目的，做题之后想收获"这个小习惯，我们在进行任何一项学习任务时，都知道自己需要收获什么。而"做题之后想收获"就是一种检测的手段，确保自己实现了目的。

如果你在学习中做任何一件事都保持着这个习惯，那就说明，你完成的每一项学习任务都有收获，你的能力时时刻刻都在提高。这样，即使慢点儿又有什么关系呢？

『习惯养成』
从策略和行动上双向出击

可以从策略和行动两个方面来培养"做题之前想目的，做题之后想收获"的习惯。

一、策略：要有整体的学习目标和学习计划

每天我们都有很多学习任务，要怎么高效又轻松地完成呢？

我们要把握一个基本点，即先有整体的学习目标，再制订清晰的学习计划。

比如，你是一个高二的学生，你的目标是考上一所中等985的大学。你看了一下自己学校最近几年的高考成绩，一般年级前五十名都能考上，而你目前是全年级一百名左右。于是，你定下了以"三个月冲击前五十名"为目标的学习计划，列出在这三个月内，每个科目你要做的事情。

列出这些事情后，你接下来的任务就是去执行。这样每做一件事，就很明确自己的目的是什么。

二、行动：要真正停下来问自己

要养成这个习惯，你可以给自己举行一个"小仪式"。

比如，在做每一件事前，停下手上的事情，给自己几分钟，问自己三个问题："我做这件事，到底是为了什么？要达成什么目的？要收获什么？"再结合自己整体的学习目标和计划，回答出来，最好是说出来，或者写下来。

通过这样的一个"小仪式"，这件事就会更有存在感。否则，你只是在脑海里想了想，可能不仅没有想清楚，过段时间还忘记了，更别说养成这个习惯了。

同理，培养"做题之后想收获"的习惯也可以从一个"小仪式"开始。

✎ 小习惯 09：
随身带个小本子，合理利用碎片时间

『学霸案例』

男孩"随手"记录知识点，高效学习上北大

大壮（化名）长得特别高大，身高一米九，还有一双非常大的手。

大壮在学习的过程中，可谓把自己的这双大手用到了极致。他在高中的时候，养成了一个非常有趣的学习习惯。他会把单词和一些细碎的知识，都写在自己的手上（不一定适用其他人），利用一切的碎片时间，比如去小卖部的路上、做早操排队的时候，低头看手，进行记忆。每次将手洗干净前，他会保证自己已经记住了手上的内容，然后再写上新的单词、要点，甚至学习心得。如此高频率、高密度地学习，他取得的效果自然也非常好。

通过这种方法，他提高了自己的学习效率，最后也是以全市第一名的成绩考上了北大。

『习惯解析』
把碎片时间利用到极致

不是每一个人都像大壮一样，有一双超级大手。但是你可以准备一个方便随身携带的笔记本。

在学习的过程中，会有很多需要重复记忆的东西，比如英语单词。背单词最重要的，是防止遗忘。我采访过的很多清北学霸中，很多人都会带一个可以揣进衣服口袋的小笔记本。他们在这个小本子上写下当天要背的英语单词，一有时间，就拿出来看，不断地重复记忆。

"随身带个小本子"这个习惯的本质是利用好一切碎片时间，去搞定一些需要重复记忆的知识点。

其实，每天有很多碎片时间，比如，在每天上学和放学路上，在去食堂时，等车时，以及课间，等等。如果我们能把这些碎片时间都利用起来，每天完全有可能多出一小时的学习时间。每天一小时，每周就是七小时，日积月累，我们能学到的内容就很多了。

『习惯养成』
把握三点，七天养成

那我们怎么快速养成这个习惯呢？把握以下三个要点，七天就能轻松养成。

一、本子要足够小

这个本子是要能随身携带的，要小到能轻松放进衣服的口袋，也能很方便地从口袋里面掏出来。

二、从单一任务开始

在开始养成这个学习习惯时，最好有一个具体的学习任务。任务越明确，养成这个习惯就越快。如果你很清楚你做这件事是为了什么，你做的时候就会充满动力。

建议大家可以从记单词开始，把这个小本子，当作随身单词本。这样，你在上面写好每天要背的单词，当天就能不断重复记忆。

但如果你这个小本子既要记单词，又有其他的知识点，还有学习启发和当天的学习清单等，事情一多，目的会不明确，你反而很难养成这个习惯了。

所以，建议先从单一的任务开始，养成这个习惯后，再增加这个小本子的作用。

三、定时定量

在最开始的时候，你要给自己"定时定量"。

"定时"就是提前预想自己每天有哪些碎片时间。比如，你每天去食堂吃饭都要排队，那么你就可以把排队的时间确定为把小本子拿出来看的时间。依此类推，循序渐进，也就很容易养成这个习惯。

"定量"就是确定自己每天的学习任务。比如，你规定自己今天需要把小本子上的二十个单词看五遍，那么你就会不自主地，在一切可以利用的碎片时间掏出小本子来学习。这样也非常有利于习惯的养成，而且还可能开发出你曾经意想不到的碎片学习时间。

✎ 小习惯 10：
自降学习难度，从简单的地方开始

『学霸案例』
重复练习，加强记忆，女孩轻松上北大

　　严梦（化名）有一个很特别的学习习惯——任何科目的学习，她都会想方设法地把学习新知识的难度降到最低，包括巩固已学的内容、重复做以前错过的习题等。都说"万事开头难"，但在严梦这里，开始学习、进入高效的学习状态是一件很轻松的事情。

　　但严梦也不是天生就懂得降低学习难度的方法。刚进高中的时候，一直成绩优异的她发现要学习的东西突然增多，很多内容记不住，还有很多内容理解起来也有些费力，这导致她的成绩下滑严重。

　　严梦在数学上遇到的问题最多，于是她向数学老师求助。数学老师问她，学数学的过程中，觉得最难解决的问题是什么？她回答，是记不住之前所学的内容，这导致每次开始学新内容时，自己都非常焦虑，觉得难度太大。数学老师让她在每

堂数学课上课前，花三到五分钟，把昨天学的内容巩固一遍，做错的题目也快速看一遍，通过重复的操作加深印象。

严梦按照老师的方法去做了。她很快发现，在数学课前，自己变得胸有成竹，甚至有些期待了；在数学课上，自己也能跟上老师的上课节奏，理解起来也不像曾经那么费劲了。在接下来的月考中，她的数学成绩提升明显。

在其他科目上，严梦也开始摸索方法降低学习的"门槛"，比如她会在背每天新的单词之前，朗读一遍前一天背过的单词，如果遇到衍生词，她就能轻松地记住；在写语文的作文前，她也会看一遍笔记本上积累的作文素材，有时候竟然真的会用上。

就这样，严梦整体的学习状态越来越好，学习效率也大幅提升。很快，她的成绩就进入年级前三名，而且一直很稳定。最终，她以全年级第一的成绩考上了北大。

『习惯解析』
自降学习难度，有双重奇效

很多同学觉得学习难，这是因为他们开始就有畏难情绪，尚未掌握原先的知识，又要学新知识，担心进入恶性循环；或者花了太多时间在回顾学过的内容上，恨不能完全再学一遍，也就很难开始每一次新内容的学习。

所以，快速扫清学习的障碍，开启每一次的学习，进入高效的学习状态，这是一件非常重要的事。

严梦在各个学科上使用的方法看似大不相同，其实都有一个共同点——这些都是在做重复练习。一旦你加强了对知识的记忆，学习的难度自然就降低了。

在上一章中，我分享了"做作业前先复习"的习惯，这也属于重复练习、自降难度的一种方式。而除了做作业，你在预习前、课前、考前等多种场景下，多做重复练习、巩固知识点，都会起到双重奇效。

奇效一：加深印象，直接降低学习难度。

背过的单词很快就忘，前天会的解题思路今天又不会了。

"遗忘"可谓学习的天敌，"重复"就是对抗遗忘的一个超级利器。通常情况下，你学习的新内容，一般都是与前面的内容相连接的。你因为先复习了，就都记起来了，或者又重新理解了一遍，接着学习与之相连的新内容，难度就大大降低了。这个方法其实就是"温故而知新"。

奇效二：从简单的开始，快速进入学习状态。

如果你从回顾学过的东西开始，其实你的脑海中或多或少仍留有印象，这相较于直接开始学习新东西，难度毫无疑问是更低的。

如果你没有丝毫准备，直接开始学习新知识，很有可能一开始就遇到了困难，那就很难顺利地进行下去了，更别提有好的学习状态了。

『习惯养成』
关键是执行，但别让"重复"喧宾夺主

看了上面的双重奇效，你是不是已经跃跃欲试了？

接下来，我就来告诉你，如何真正养成这个习惯，让学习新知识的难度大大降低。

一、认真执行

复习昨天学过的东西需要你花费一些时间，而且很有可能，昨天做的事情，你已经忘记了。但是你可以在这个过程中，慢慢地找到一套自己的方法，比如结合自己每日的学习清单，你就能更好地记起前一天做了什么；或者，你可以为每个科目专门准备一本笔记本，记录下第二天复习时的要点。

记住，只要你有心，你最终会发现这件事，投入很少，收获巨大。

二、别让"重复"喧宾夺主

很多同学做每件事都特别认真，遇到困难就喜欢死磕。比如在回顾学过的内容时，很可能会发现自己很多东西都忘记了，于是马上投入时间，希望再记下来；或者你发现自己做过的题，有一道又不会了，于是你开始重新认真思考，希望再想明白。不知不觉地，竟花费了数个小时。

其实，这样做有些喧宾夺主了。你眼下的核心任务是学习新知识，"重复练习"的本质是快速浏览以往的知识，加深印象，降低难度，是为更好地学习服务的。如果在回顾的过程中发现了新的问题，你只需要记录下来，放在那里，还是按照计划，快速进入新知识的学习，之后再专门安排另外的时间去解决发现的问题即可。

小习惯 11：
刷题时多想少写，节约一切可能的时间

『学霸案例』
普通班男生靠意念刷题，自学考上清华

　　周念（化名）是自学考上的清华，而且他还是从重点高中的普通班考上的清华。在有重点班的高中，能从普通班考上清华，是一件概率很小的事。

　　那为什么周念能做到呢？作为一名理科生，他有一个非常奇特的学习习惯——他真正动笔写的题，只占大约 40%，更多的题都是在脑海中大概想一遍。我把他的这种方法称为"意念刷题法"。

　　在他的眼中，题目有三种，其中两种都能靠意念刷题。他拿到一套题目，会一道一道地看，如果看一眼就知道怎么做的题，就直接跳过不管了；如果有一些比较困难的题目，他会在脑海中推演这道题的解题过程，能一直进行到最后的题，他也会跳过；如果不能进行下去，他才会拿出笔解题。

　　前面两种情况下，他都是靠意念刷题，这样节约了大量的

时间，在有限的时间里，他就能做更多的题。做的题目多了，知识就掌握扎实了，题感也更好了。最终他是他们学校第一个从普通班考上清华的学生。

『习惯解析』
拼命提高效率，是学霸都会做的事

这种方法其实就是在提高学习效率。

其实很多学霸都有提高学习效率的方法。你可能感觉他们一直在玩，而你拼命努力，成绩还是不如他们，这往往是因为你的学习效率不如他们。

那到底怎么提高学习效率呢？除了前面讲的这些学习习惯，我们还可以在单位时间里面，做更多的事情，或者花更少的时间做同一件事。

『习惯养成』
多想少写，三招偷时

"多想少写"其实是日常做题时一个非常重要的习惯。那具体应该怎么做呢？

一、选好题目

参考靠意念刷题上清华的周念，如果你在做题时，有些题一眼就能想出解题思路，或是已经完全搞懂搞透的，那就不用做了，因为你不会有提高了，即使做了这些题也只是重复，浪费时间。

真正科学地刷题，其实是一个不断突破自己能力边界的过程。你要做稍微超过现在的能力范围的题目才能提高能力。

所以，不要拿到题目就做，拿到题集就刷。而是首先选好题目，把会的题目筛出去，把会一部分但是又不完全会的题目挑出来，这才是你要做的题目。

选好题目能为你节约大量的学习时间。

二、掌握思路

对于会做一部分，但又不能完全做出来的题目，你的任务也不只是把这个题目做出来，而是掌握这种题型和解题思路。

请记住，做题本身不是目的，理解题目背后的知识才是目的。其实，周念的"意念刷题法"，很多考上清北的文科生，使用得更多。他们平时做文科的大题时，会先认真思考，而不是着急去写答案。

写答案时，如果不是考试，他们也只是写核心要点或关键词。因为，文科大题的答案很多都很长，全部写出来非常耗时。然后就会比对参考答案，看看自己的思路是不是对。如果不对，他们会把精力放在彻底弄懂这道题上。他们的目的是掌握解题思路，而不是书写答案。

三、理解透彻

对于不会的题目，或者会得很少的题目，学霸们又是怎么处理的呢？他们一般不会死磕这道题，而是直接翻到答案解析，这就相当于有人给你讲解。把这道题理解透彻才能真正提高你的成绩。

✎ 小习惯 12：
坚持查漏补缺，让成绩倒退成为"不可能"

『学霸案例』
高一开始找卷子给自己考试，全市第一考上北大

　　我采访过一个来自陕西的男生，他就读于一所重点高中。作为一名文科生，他的梦想就是考上北大。

　　他在高中三年里经常找卷子给自己考试，而且都是模拟高考真实场景的限时考试。他认为学习的本质就是把自己不会的地方找到，然后学会这些知识，也就是"查漏补缺"。所以，他通过考试自测，发现自己的具体问题。找到这些问题后，他就有针对性地一个个解决。这样他的整个学习过程就是完全针对高考的，几乎没有做任何无用功。

　　得益于这样非常精准的学习，他的成绩一直在进步。到了高二，他的成绩就排到了年级的最前面，一直到高三，他基本都是第一名，排名非常稳定。

　　最终在高考时，他也以全市第一的成绩考上了北大。他的成绩在全省也非常靠前。

『习惯解析』

"查漏补缺"让你进入提分的快车道

"查漏补缺"这个方法有两个很大的优势。

一、能让你持续快速提分

中高考本质上是一场有边界的竞争，它比的不是谁会的题多，而是谁不会的题少。

虽然现在中高考的题越来越注重运用，但它还是有出题范围的。单单就中高考拿高分这件事而言，我们要做的事情特别简单，就是在上考场之前，把这个范围里面要求你掌握的东西都掌握。如果你能做到"考什么学什么，不做无用功"，那你的学习就是很精准的；如果你不能很精准地学习，学了很多东西结果不考，而考的东西你又没学到，那即使你再努力，可能结果都不会太好。

除了要精准地确定学习的内容，还要精准地找到不会的地方。所以，"查漏补缺"就是一种非常好的方法。我们通过"查漏"找到自己的问题，上面讲的案例，就是通过给自己考试来找到漏洞，而且直接用高考真题以及高质量的模拟题来进行自测，找到的漏洞大概率是准确的。接着"补缺"，就是把找到的问题消灭掉。

所以，只要你按照"查漏补缺"的方式学习，你就进入了提分的快车道。

二、掐断成绩退步的根源

你知道我们的成绩是怎么下滑的吗？

在刚开始学习的时候，大家都是一张白纸。如果学习的新知识都能理解透，我们的成绩退步的可能性就比较小。退步是因为我们在学习新知识的过程中，某些地方出现了漏洞，没有完全搞明白，如果你不管它，这个漏洞就会越来越大，再补上就很难了，你的成绩就会越来越差。

但如果我们在开始出现漏洞时，就及时补上，那就把导致我们退步的隐患消灭在了萌芽阶段。

『习惯养成』
"查漏补缺"的三个要点

要养成"查漏补缺"的习惯，需要把握三个要点。

要点一，对学习没有畏难情绪。

很多同学在学习的过程中，都会害怕困难和失败。

我采访过上百位清华北大的学霸，我发现他们无一例外，都没有任何畏难情绪。他们只关注要达到什么目标，有哪些问题需要解决，哪些事情需要完成。他们不会管这件事难不难。就算确实遇到了困难，他们也不会退缩，而是想办法解决，坚持到底，直到达成自己的目标。

学霸的学习过程是"哪里不会学哪里"。相较而言，绝大多数同学，不能做到拔尖，是因为在学习中有畏难情绪，遇到困难就绕着走，只学自己擅长的科目，学自己会的地方，不断做一些重复的动作，对提分进步没有任何帮助，成绩就一直原地踏步。

中国有一句古话叫"世上无难事，只怕有心人"。所以，你必须先解决"畏难情绪"，树立不怕困难的决心，再花力气钻研。这样，你的投入产出比便能提高，成绩很快就会有起色。

要点二，偏科和难点的提分最快。

在写这本书的时候，我指导了一个高一下学期的学生，他就读于他们全市最好的高中，每年一本率超过90%。

在这所全省都能排进前十甚至前五的高中里，这个学生的成绩排名比较靠后。我拿到他的考试成绩单后，发现他的英语成绩明显低于其他学科，满分150分的试卷，他只得了73分。

于是我给他定下的学习目标是先在高一下学期剩余的两个多月，以及接下来的暑假里，把英语成绩提高到120分左右，最少110分。这样，他未来考上一所211，甚至985大学就不难了，毕竟他其他科目没有特别明显的偏科，只要解决了英语的问题，他高二、高三的学习就会比较轻松。

当然，我同时也给了他具体的英语学习提分计划。在时间上，我要求他在保证其他科目不掉队的情况下，所有可以安排的时间全部用来学英语。

我给他提出学习规划时，离他最近的一次月考只有四天。他马上投入了行动。令我没有想到的是，在这次月考中，他的英语直接考到了98分，而且因为英语分数的提高，他语数外三科的全年级排名也提高了二百六十多名。

这是在一所非常厉害的重点高中，这样的提分和进步效果是非常惊人的。这就是科学的学习规划、花大力气来纠正偏科所带来的效果。

所以，查漏补缺的重点一定是你的偏科，这就是你提分最快的地方。

当然，你可能没有偏科，或者每个科目的成绩都不太好，那你就从相对擅长的科目开始，因为你这门科目的学习难度相较而言最小，你容易开始也更容易坚持。

不过，还有另外一种情况，你真的没有特别的偏科，比如各科都相对均衡，成绩都处于中等。那你就要找到你每个科目中的难点部分，这些就是你需要花大力气去攻克的地方。当你搞定了难点，这个科目的整体成绩就能上一个新台阶。

要点三，用错题本精细提分。

解决偏科和难点后，我们各科的成绩会有一定的进步，那下个阶段就是"让错题不再错"。

我采访过的清华北大的学霸无一例外地强调"错题本"是他们非常重要的学习工具。有一个高考数学满分的北大学霸就对我说过这样一句话："把那些错题都搞明白了，考试的时候不就不会错了吗？"

这么简单的一句话，其实是非常有道理的，本质就是"让错题不再错"。对于很多成绩不错的学生来说，他已经没有大的问题了，他唯一要做的，就是把做错过的题目弄清楚错误原因，那在最终的中高考中，就会尽量少出错，考出来就是高分。

因此，错题本是一个很好的工具，是我们百尺竿头更进一步的重要法宝。快去准备一个错题本，把自己大小考试中易错的题目收集起来吧！

✏ 小习惯13：
从一而终，把一套方法用到极致

『学霸案例』

理科男生英语不及格，变个思路成绩暴长上清华

对于理科成绩很优秀的小羽（化名）来说，英语是他通往清华北大路上的拦路虎。

小羽的语文和英语成绩不好，但是理科的成绩基本都接近满分。他的语文还能勉勉强强考到110分，而他的英语常年不及格。其实，他花了大量的时间学英语，但是收效甚微。关键是，他觉得自己无法坚持，因为他很不擅长背东西，觉得单纯地背诵非常枯燥。

但是高三的英语老师解救了他。这个英语老师，连续多年带理科班的英语，他遇到了很多像小羽一样理科成绩很好但英语基础薄弱的男生。他们都很聪明，理解能力和举一反三的能力都很强，但就是不愿意背东西。对于这类学生，这位老师不会要求他们去背英语单词和语法规则等，而是带着他们像学数学一样拆解英语的底层逻辑和语法规则等，再利用这些规则去

理解英语的成句行文规律。比如，这位老师不直接教宾语从句、定语从句等每一种从句，而是先让学生理解从句的本质，即从句就是一个句子成分；再告诉他们，如果这个从句充当宾语成分，那所在句子就是宾语从句。其他类型的从句，也遵循同样的逻辑。

这样一种"先理解规则，再学会运用"的英语教学方式不强调背诵，而是注重理解。这就很像理科学习的思路，即"先理解知识公式定理，再运用它们去解题"。

通过"先理解再运用"的方式进行英语学习后，小羽很快就构建了一张英语知识的网，他的英语成绩突飞猛进，而且他对英语的学习兴趣和信心也上来了，就连背单词也有了兴趣，不再觉得难。

在高三第一个学期的期中考试中，他的英语成绩提高到了120分。最后，他以高考英语146分的成绩考上了清华大学。

『习惯解析』
与其各种探索，有时只用一种方法会更高效

在上面的案例中，小羽用自己擅长的学理科的方法去学英语，也能把英语学好。我来告诉你原因。

先给大家分享一件我在采访清华北大学霸的时候发现的事情，他们都没有太多的学习方法，但是每个人几乎都会有一两个得心应手的窍门。他们在很多科目的学习上，都会使用这种窍门，并且将其发挥到极致。

比如，有一个考上北大的女生，她的数学成绩很好，而且大题经常考满分。我问她原因。她说她会认真地按照标准答案，尤其是高考真题的标准答案，来规范答题步骤，经过这样的刻意练习，她就能保证把步骤分都拿到。所以，对着标准答案来规范自己的作答，就是她不断提高自己分数的方法。

这个女生是文科生，但是她的文综成绩并不拔尖。她想了很多方法来提高自己的文综成绩，包括请教老师，请教班里文综成绩很好的同学等，但都没有多大效果。但她有一天突然想通了：我的数学是根据标准答案来规范自己的作答，那文综也可以用这样的方法啊。

于是，她开始研究文综大题的标准答案，模仿答题思路、答案结构、措辞和表达方式等，经过两个多月的练习，她的文综成绩直接提高了30多分。她最后也凭借数学和文综的高分，在英语的发挥有些失常的情况下，考上了北大。

其实，任何科目的学习方法都有其共通性。我把清北学霸学习方法的共通性总结成了"精准输入、深度消化、多元输出"这三步，不管哪个科目，你只要按照这三个步骤学习，成绩肯定不会差。

在大多数情况下，我们不用一直探索新的方法，而是可以把一套方法的价值发挥到极致。

不管是用学数学的方法学英语的清华男生，还是用学数学的方法提高文综的北大女生，他们都是在用自己擅长科目的学习方法，来解决自己不擅长科目的问题。

为什么会出现这样的情况？这是因为，我们对于不擅长的科目，本来就相对不够熟悉，你用不熟悉的学习方法去解决不擅长的问题，失败的可能性极大。但如果你用熟悉的方法去解决不擅长的问题，反而有机会成功。就好比一名运动员，要在不熟悉的场地参加一个不熟悉的项目的比赛，得到不错的名次的可能性其实非常小。但是，如果在不熟悉的场地，参加一个熟悉的比赛项目，那成功的可能性要大很多。

所以，学霸们对待学习方法的态度是"从一而终"，把一个方法用到底，把它的价值最大化，而不是"朝三暮四"。

『习惯养成』
三个步骤，让学习进入良性循环

按照如下三个步骤来做，就能找到适合自己的学习方法，并且将其价值发挥到极致，最终让学习越来越高效。

第一步，培养一个优势科目。

对于全科成绩都不太好的学生来说，"培养一个优势科目"是一个非常合理且可行的办法。

可以先确定一个你喜欢的，而且基础还可以的科目，集中精力把这个科目变成自己的优势科目，即把自己变成这个科目里的尖子生。你可能会说，这太难了。但是我想告诉你，你的时间用到哪里，你的收获就在哪里。如果你能集中所有的精力和时间在一个科目上，其实在这个科目上花的时间会比原来多好几倍，提升效果就会非常明显。

第二步，用熟办法解决新问题。

当你有了一个优势科目后，你可以把这门科目的学习方法复制到其他科目中。相信我，当你用自己擅长的学习方法来学习自己不擅长的科目时，你会发现这些科目好像也并不难。

虽然学习有共通性，但是不同的科目也有各自的特殊性。当用熟悉的学习方法，提高了"弱科"的成绩后，其实你对这个科目已经不再陌生了，这个时候，就可以用原本就很适合这个学科的方法了。因为这时你在用新方法解决熟悉的问题，这和开始时用不熟悉的方法学不擅长的科目，是有本质区别的。

第三步，在应用中不断优化。

你可以根据反馈来不断优化自己的这套学习方法，或者说越来越得心应手地使用这套方法。

比如刚开始使用错题本时，你可能是遇到错题，记录错题，解决错题。但是后来发现错题越来越多，你可以分知识板块来整理，这样便于集中解决某一个板块的知识和题目；或者你发现有不同类型的错误，就可以分类来整理，把同一类型的错题放在一起。这都是你在不断优化自己的学习方法，让自己的学习越来越高效。

最后，"从一而终"的学习习惯，不仅体现在把一套学习方法越用越熟，还体现在对学习资料的使用和跟谁学这两个方面。很多同学喜欢一会儿用这个教辅书，用了一阵子发现另外一个教辅书不错，马上就换了；有些家长一会儿让孩子去上这个辅导班，一会儿又去上另外一个。这两种情况都不太科学。

只要你觉得目前使用的学习资料或者孩子上的辅导班还不错，有效果，那么你就应该一直坚持下去，除非你非常确定新找的资料或者辅导班，比现在的好太多。

其实，任何辅导资料、辅导班或者老师，都有自己的一套体系，你跟着其中一个学到底，就是"从一而终"，没有遗漏，真正学完整、学透彻了。但是如果你中途更换，就很容易出现遗漏，或者有很多重复学习的地方，这样就得不偿失了。

✎ 小习惯 14：
加大火力，一次集中解决一个问题

『学霸案例』

竞赛男生三个月学完高中物理，高考 700 分上北大

小杰（化名）是一所重点高中的学生，刚上高一的时候，他就确定了走竞赛这条路。他选择的是物理竞赛，并希望通过在全国竞赛中拿到一等奖进入国家队，获得保送清北的资格。

高中物理竞赛的核心是大学物理的内容。因此，当时的教练，在小杰刚上高一时，就要求他和竞赛队的其他同学，先自学完高中物理，这样才能更好地学习物理竞赛的内容。

小杰集中所有时间专门学习物理，只用了三个月就把高中的物理学完了。直到高考备考，他都没有再专门花时间学过高中物理。

你是不是觉得不可思议，本来两到三年才能学完的内容，小杰三个月就学完了。其实，"加大火力，集中学习"本身就是一个非常重要的学习习惯。

其实，整个高中，小杰把大量的时间都花在了竞赛上，能用到其他科目上的时间很少。很多的科目，他都是抽空集中学习。比如在两次集训中间，刚好有那么一两个月，竞赛压力没有那么大，他就会集中进行某一个科目的学习。而每完成一次这样的学习，他这一科目的成绩就会突飞猛进。

经过这种"集中学习"，小杰每个科目的成绩都处于顶尖，但是花的时间又比别人少很多。虽然小杰没能通过物理竞赛获得保送资格，这让他很遗憾，但是他还是以 700 分的高分考上了北京大学。

『习惯解析』
成绩的跨越式提升，需要的是一次质变

我采访过的很多清华北大的学霸，他们中几乎没有人是在整个小初高都非常努力学习的。更多的是在某一年，或者某一个学期，通过超出常人的努力，让成绩实现了本质的突破。当然，也有一些同学是经历了两到三段这种疯狂的努力，一步步跳跃式地达到了考上清华北大的水平。而在其余的时间里，他们的学习都比较按部就班，更多的是保持当下的成绩，并没有花费特别多的心思。

其实，你如果想要让自己的成绩有层次地提升，比如从中等到上等，从很差到中等，就要"加大火力，集中学习"。比如，你的数学成绩一直不好，如果拉长战线有用，你的数学成绩早就因为你日复一日地学习而提高了。再比如，体育运动员也是要搞集训的，一段时间的封闭集训，很可能就会给他们带来突破式的进步。所以，要想真正突破自己，必须集中精力，否则你仍只是在原来的层次上不断重复而已。

『习惯养成』
饱和攻击，可以从四个方面下手

那么，这种"加大火力，集中学习"的学习习惯，怎样合理地运用呢？我推荐四种方式，执行起来都很方便，而且效果也很不错。

一、时间的集中：一段时间解决一个问题

第一个非常好用的办法，当然就是集中时间。比如，你可以集中一段时间专门学习某一个"弱科"；你也可以用某一段时间专门刷某一类型的题目，把这类的题目真正拿下。

比如学霸案例中的小杰，不管是用三个月学完高中物理，还是用两次集训之间的时间聚焦某一个科目，都是在一段时间

内集中解决一个问题。

当然，因为同学们在学校里都有很多科目的学习任务，我的建议是，你在一段时间里，把自习课、放学后、周末等时间全部利用起来，解决某一个问题，比如集中学习某个"弱科"。对于其他科目，你就尽量跟着学校的节奏，不掉队，也不投入额外的精力。

二、强度的提升：一段时间内异常努力

我采访过一个从广西考上清华的男生，他是他们县有史以来第一个考上清华的学生。他就是在高一的时候，整整一年，非常努力，所有的时间都用来学习，甚至没有任何社交。

就这样，通过一年的努力，他的成绩稳居年级第一名，而且比第二名高很多分。进入高二和高三后，他反而恢复了他本来的样子，性格开朗的他，成了班里的活跃分子，参加各种活动，学习上花的时间并没有那么多，但成绩一直都是年级第一，最终考上了清华大学。

三、学习跑马拉松的方法：冲刺和慢跑交替进行

学习就像跑马拉松，谁都不可能全程都冲刺。如果你一直冲刺，那可能跑不到终点，在某一刻就累倒了；如果你一直慢跑，那可能整体太慢了，也拿不到好的名次。

但你可以在某一段时间内非常努力，过了这一段时间，又放松一下，按部就班地学习一段时间，隔一段时间，再来一段冲刺，这样会更加合理且实际，最终的成绩也不会差。

四、一个假期干一件事：长期计划，备战中高考

如果想在中高考中拿到高分，每科成绩都要很不错。所以，你现在就要调整思维方式，把正在学习的内容和中高考联系起来，不要到初三或高三才想中高考的事情。

对于我们来说，最容易利用的大块时间，就是寒暑假。具体的办法就是：一个假期干一件事，争取"一个假期拿下一个科目"。

你可以先找到自己的"弱科"。如果有好几个"弱科"，就算一下从现在到中考或者高考，还有几个暑假、寒假，再把学习各科的时间合理地分配到这些假期里面。一个假期搞定一个"弱科"，到真正备战中高考的时候，你就不再有"弱科"，备考就会更轻松。当然，如果你现在假期剩余的不多，或者"弱科"太多，而暑假只有两个月，那你可以一个月搞定一个科目，时间肯定也来得及。

可能有一些同学，没有特别薄弱的科目，那就可以用一个假期聚焦于一个科目，把这个科目拉到顶尖的水平，这样你在最后的冲刺阶段，复习起来会更轻松，整体的成绩也会不错。

第三周养成

考试必备习惯

让考场得分最大化

✐ 小习惯 15：
脑中预演考试全程，不再害怕考场意外

『学霸案例』
高考数学四道选择题不会，结果数学满分考上清华

小原（化名）是高考数学满分考上的清华，但是他在高考数学的考场上，却发生了一点儿意外——他竟然连续四道选择题都不会。他从来没有遇到过这样的情况。

如果只有一道题不会，可能不会有太大影响，但连续四道都不会，他心里还是有点慌的。但是很快，他就平静了下来，宽慰自己道："如果我做不出来，那大家肯定也做不出来，要难就一起难吧。"接着，他就往后做，结果发现后面的题目都很简单，包括最后的压轴大题，他都很顺利地做出来了。

小原这才意识到，出卷老师很有可能是故意把前面的题目设计得比较难，让大家乱了阵脚。幸好他很快就调整好了心态。做完后面的题目后，再看前面的四道选择题，他最终全都做出来了。

为什么小原能及时调整心态呢？他说他特别感谢自己的班

主任老师。班主任要求他们在每一场考试之前，都将从进考场到出考场的过程预想一遍，包括在考场上可能会遇到的突发状况。小原就是因为做了这样的考前预演，所以即使连续四道选择题不会做，也能很快从慌乱中调整好心态。最终高考数学他还拿到了满分，顺利地以超过 700 分的分数考上了清华。

『习惯解析』
考试心态，需要进行专门训练

我采访的另外一个北大的学霸，曾就读于他们省最好的一所高中的"清北班"，而且整个高三，她的成绩排名基本上都保持在年级前三。但她在做高考数学的倒数第二道大题时出现卡壳，当时她一下子就慌了，没能及时调整心态，做题节奏被打乱，导致压轴题也出现问题。考试结束后，她很快就想明白了倒数第二道题应该怎么做，说明她的水平是够的，只是那会儿在遇到卡壳后心态出现了问题。结果，她的数学只考了 130 多分，比平时少了十几分，幸亏有专项计划的加分，她还是上了北大。

这两个案例里的两位同学都是顶级学霸，都有上清北的实力，也都是在高考数学考场遇到问题，但为什么在考试中的表现差别那么大呢？

关键的原因就在于小原进行了专门的考前预演，也就是有过预防考试心态出现问题的训练，于是他在考试遇到意外状况时，做到了合理应对；相反，另外一个北大学霸就因为没有经过训练，所以无法很好地应对。

"实力、技巧、心态"是考试拿高分的三大法宝。但我们平时的学习，基本上都聚焦在"实力"和"技巧"上，对于"心态"的训练少之又少，甚至没有。每次考试，甚至是中高考这样决定人生命运的重大考试，都会有同学发挥失常，虽然可能有实力和技巧的因素，但更多是因为心态，这是一件非常遗憾的事。

所以，如果你希望在考试中稳拿高分，一定要重视心态的调整，不只是听老师讲"考试不要紧张，保持一颗平常心"，而是要针对各种考试时的意外状况做专门的训练，尽量避免因为这些和实力无关的事情而发挥失常。

『习惯养成』
考前预演必做的三件事

保证考试的好心态，需要我们对考试的意外情况做好充分的心理准备。其中，有以下三件事我们一定要做到。

一、防止重大失误

通常情况下，考试时容易出现的重大失误有如下几种，接下来我们会结合每一种情况及其处理方式，一一讲述。

第一种：忘涂、错涂答题卡。

重大考试的选择题一般都需要填涂答题卡，忘涂或来不及涂，以及错涂答题卡都是非常重大的失误，丢分严重。

所以，大家在预演时，就一定要用符合考试标准的答题卡来练习。一般上了考场后，首先填涂好个人基础信息，不然你也不知道后面会发生什么状况，如果你没填涂或者涂错了相关信息，很有可能就一分都没有了。

另外就是每道题的填涂，通常可以在做完并检查后集中填涂，而且填涂完要再检查一遍，比如先顺着对一遍，再倒着对一遍。你可以在预演的时候，就预估好需要的时间，建议在真正考试的时候，预留的时间比预估时间多一点，因为如果出现涂错或涂串答题卡的情况，尤其是像英语这类选择题特别多的科目，你还有时间来修改甚至重涂。

特别说明一点，如果考试快要结束时，你还有大题没有做完，那你也要放一放，先涂完答题卡，在确认没有问题后，如果有多余的时间，再去攻大题。千万不要想着把大题做出来之后再来涂答题卡，因为这样你很可能就没时间涂卡了。

第二种：答题卡或答题纸损坏。

这种情况虽然少，但是也会出现，比如考试的时候不小心弄洒了水，或者不小心撕破答题卡，又或者是答案没有写到对应范围内，你可能需要全部划掉重新写，结果地方又不够了。这时最好的方法是直接举手，向监考老师申请换一张答题卡或者答题纸。一般情况下，重大的考试都会额外准备一定量的答题卡或答题纸，是可以更换的。当然，更换完成后，就要抓紧一切时间来誊抄答案了。

第三种：漏页漏题，或者大面积没做完。

试卷发下来后，一定要先看看一共有几页，一般标准考试的试卷都有页码，而且你还可以对着答题卡检查一遍。这样大概率就不会出现漏页漏题的情况。而且在平时的预演中，你应该已经非常熟悉某个科目的考试题型，真正考试的时候，也就和平时一样。即使存在不一样的地方，检查好页码和题号，再正常作答即可。

如果出现大面积的题目没有做完的情况，并且是你比较擅长的科目，那大概率是你在某一道或者几道题上浪费了太多时间，才会如此。大家考试时一定要注意"得分性价比"，即先做容易做和分值高的题目，而分值低又难答的题目果断往后放。当然，还有一个办法就是"先易后难"，难题要果断跳过。

而且你在平时的预演中，就已经知道哪些题是得分性价比低的或者难的题目，考试的时候就可以有针对性地去答题，甚至可以在平时就预演自己的答题顺序。等你把能拿到的分都拿到后，再去做之前没有做出来的题目，想办法在这些题目上尽可能多得分。

二、考试过程中应对意外的方法

我采访过一个清华学霸，他说，考高考数学的时候，他旁边的考生很快就做完了所有题目，一边检查一边在无意识地转笔。但是他自己还在奋笔疾书，余光却能看见有一支黑色水笔一直在花式转动。他原本就感觉有些来不及做题，心里又着急又紧张，看到旁边同学在转笔，便更加焦虑，难以集中精力，因此他举手喊来了监考老师。随后，监考老师委婉地提醒了旁边的考生，让他不要再转笔。

谁也不知道考试的时候会出现什么情况，如果你遇到了，一定不要慌，也不要影响到情绪，更不要放任不管。最好的做法是，举手告知监考老师，让监考老师帮你解决。

三、考前必须做的准备工作

在考前，需要做好两项准备工作。第一项是常规的考试准备。比如要准备好考试的各种证件，还有药物和文具等。考前的交通和食宿问题，也都要提前准备好应对方案。

第二项就是心态的准备。在考试时，如果试卷简单，不要得意忘形；如果试卷很难，也不要灰心或紧张。因为中高考本质上不是看你得多少分，而是看你在所有考生中的排名。无论试卷难易，对于每个学生都是一样的。你要做的，就是按照平时训练或模拟考试时的心态，把该拿的分都拿到，拿不到的分也尽可能争取拿到一些。

最后，再强调一个非常重要的问题——每考完一科，千万不要对答案，也不要和同学讨论上一场考试的情况。很多同学考完一科后对答案，结果发现自己失分过多，出现了本不应该的错误，这样哪怕你之前准备和预演做得再充分，你的心态也很容易崩溃，会严重影响后面的考试，那你之前所做的一切就都功亏一篑了。记住，考完了，一切都不会改变了，请你考完一科扔掉一科！你唯一需要做的，就是全力以赴，考好下一场考试。

✐ 小习惯 16：
慢审题，快作答，有效提高分数

『学霸案例』
焦虑女生考试不再着急作答，成绩提高后上北大

　　橙子（化名）高中时是在一所重点中学的重点班。按照历年的考试情况，每年学校重点班都会有五到十个同学可以考上清华北大。橙子一直都有北大梦，可是不管她怎么拼命，她每次考试还是会出现数学和文综题目做不完的情况。所以，她的成绩一直都没能进入前十名，更别说前五名了。橙子针对数学和文综，每周进行一套卷子的限时训练。但是情况并没有明显改观，她依然做不完题目。

　　橙子在班里有一个好闺密叶君（化名），一直是班里的前三名。她主动找橙子沟通，了解后发现，原来橙子在数学和文综这两个科目上面，因为一直做不完考题，已经产生了焦虑情绪。具体表现就是，每次考试或者进行套卷训练时，橙子总是想着加快速度，于是她着急地去做每一道题，很多时候压根儿没有认真审题，有些题甚至连条件都没有看清楚就直接开始答题。结果因为思考得不充分，导致边写答案边想，有时候写了很多，发现有问题，又得擦掉重写，这样不仅速度很慢，准确度也堪忧。

叶君找来高考真题的标准答案和学校最近几次考试的卷子，告诉橙子，其实每道题答案的字数并不多，书写并不需要花费太多时间。先把这道题的思路想清楚，再作答，这样反而速度更快。

所以，叶君建议橙子改变自己的做题习惯，看到题目后，先认认真真审题，慢一点儿没有关系。对于数学必须要有具体的解题思路；对于文综大题，还要在草稿纸上写出答案的结构和要点。做到这两点后，再快速作答。

橙子按照叶君的办法去做了，刚开始，还有些不适应，速度确实有些下降。但是经过近一个月的训练，在接下来的一次月考中，橙子顺利做完了数学和文综的所有题目，成绩也提升了一大截。

就这样，橙子把这个习惯应用到了其他科目中，成绩也有明显提升。很快，橙子的排名就进入了班级前十，后来进入前五。最终与叶君一起考进了北大。

『习惯解析』
慢审题，快作答，考分高

要想在考试中拿下高分，你需要按照"慢审题，快作答"的方式来训练自己。

先讲"慢审题"。审题是你拿分的基础。如果你出现审题错误，那这道题的分数你肯定是拿不到了。有很多同学为了加快做题的速度，像曾经的橙子一样，只想着快速作答，结果审题不充分，本来能拿到的分数都失去了。

所以，我们在审题的这一步，必须放慢速度，仔细阅读。如果你确实想提高审题的速度，那也要以审题的准确度为前提。

再讲"快作答"。考试的时间毕竟是有限的，如果审题花的时间比较久，那时间就要从作答的环节抢回来。那作答速度怎么提升呢？其实，只要你审题到位了，真正想清楚了，落笔写答案是很快的。

就用考试中书写量最大的作文举例，如果你作文审题到位，而且基于审题列出了清晰的提纲，真正落笔写下 800 字的作文，要花的时间并不多。如果你作文审题没有到位，准备的文章提纲也不够清晰，你在这样的情况下直接开始写作文，反而不太好写，不仅速度慢下来了，作文质量肯定不会高，得分自然也高不到哪儿去。

『习惯养成』

养成一个思维，把握一个原则

"慢审题，快作答"中"慢"和"快"的核心是为了表达在审题的时候，要仔细认真，但是在作答的时候要尽量加快速度。

抛开这个对比，考试想要拿高分，"审题"虽然可以慢，但要做到高效；而对于"作答"，可以快，但也要拿高分。总结下来，就是要同时做到"高效审题"和"高分作答"，具体要做到以下两点。

一、高效审题：养成出题人思维

审题最关键的是养成出题人思维。

在任何标准的考试，比如中考和高考当中，没有一道题目是平白无故出现的，一定都是在考察学过的知识点。

所以，审题的时候，一定要思考"这道题要考我什么"，这就是出题人思维。

这种思维，需要在平时进行专门的练习。遇到任何一道题目，都需要找到这道题的考点。尤其是那些审完之后找不出解题思路的题，和已经做错过的题。相信我，经过一段时间的练习，你就能很快拥有出题人思维。

一旦你养成出题人思维，那么你在考试的时候，审题就会非常高效，遇到新题型，你也不会害怕，可以很快识破它的伪装，找到它在考你什么。一旦你知道了它要考你什么，实际上你就有了解题思路，至少是找到了解题突破口，题目就变得简单了。

二、高分作答：把工夫花在平时

养兵千日，用兵一时，对于"高分作答"，我们需要把握一个原则，就是"把工夫花在平时"。

在考场上，时间很紧张，我们来不及很细致地去思考答案的每一个细节，那要如何写出高分答案呢？这就需要我们在平时进行专门的作答练习。

这里面有一个非常重要的方法，就是"总结答题模板"。不管是中考还是高考，题型都是相对确定的，考试范围也都很清晰，我们可以在平时针对这些题型总结好答题模板，这样考试的时候，写答案就会很快，而且能确定拿高分。

"总结答题模板"也是学霸们一个非常重要的习惯，我将在下一篇中专门讲解。

✐ 小习惯 17：
答题"模板化"，把得分变得确定

『学霸案例』

在上高考考场前，她就确定自己能考上北大

我曾经采访过一个以全省文科前二十名的成绩考上北大的女生，我问她的第一个问题就是："你在上高考考场之前，有把握考上清华北大吗？"

她直接回答："我有把握考上啊！"她的语气很坚定，也没有任何迟疑。

当时我心里想的是，这个女生可能有点过于自信了，毕竟考清华北大，即使有强劲的实力，但是考场上的发挥还是很重要的。另外，这个女生还是文科，文科很多都是主观题，得分不像理科那么确定。

但是后来和这个女生有了更多的接触后，我发现我想错了。按照她的学习方式，确实可以确定自己能上清华北大。她非常擅长总结，针对语文还有文综这两个主观性比较强的科目，她会把确定的或是常考的题型总结出清晰的答题模板。她说，这些答题模板，都是从最近至少五年各版本的高考真题以及高质量的模拟题的标准答案中总结出来的。在高考的考场上，她就是按照这些答题模板直接答题，所以得分非常确定。

例如，对于高考作文，她就有自己总结的"一定能拿到50分的语文作文模板"，从标题到开头、文章的结构、论点的布局，再到最后的结尾，甚至怎么分段，以及分段后第一句话要怎么写，她都总结出了写作模板。她说，她这样写出来的作文，不一定能拿到很高的分数，但是满分60分，拿到50分是绝对可以的。

最后，她以全市文科第一名的成绩考上了北大，甚至语文和文综的成绩比平时还高一些。

『习惯解析』
中高考每道题都有清晰的给分标准，答题模板让得分变确定

大家要明白，你考试得多少分，不是由你学得怎么样决定的，而是由你写在试卷上的答案决定的。客观题很好判断，对了就得分，不对就没分。但是主观题是由阅卷老师进行打分的。

你是不是觉得你得多少分，和阅卷老师有很大的关系？

其实这个想法是错误的。作文阅卷老师们的工作流程是，所有作文被扫描进计算机系统后，系统会随机把某一篇作文派发给其中的一个阅卷老师，这个阅卷老师打分后，再提交系统。接着，这篇作文会再次被派发给另外一个阅卷老师，这个阅卷老师也会打出一个具体的分数，之后提交系统。如果这两个老师打出的分数，在阅卷组要求的合理分差之内，那么这两个分数的平均分，就是这篇作文的得分。如果这两个老师的给分不在阅卷组要求的分差之内，那么这张试卷会再由系统派发给第三个老师。如果第三个老师和前两个老师中的其中一个给出的分数都在合理分差之内，那么这两个分数的平均分就是这篇作文的最终得分。当然，也会有另外一种情况，如果前两个老师打出的分数不在分差之内，这篇作文就会到阅卷组长手里，或者由阅卷组集体开会评分。虽然每个省市阅卷方式可能有一些区别，但整体流程基本相似。

大家注意到没有，一篇作文至少要由两个阅卷老师给分，并且分差尽量不超过阅卷组要求的分差。那怎么做到这一点呢？其实，中高考在出题的时候，会专门有人撰写标准答案和答案评分说明。所以，阅卷老师在打分时会严格按照每道题的给分标准，没有太多的主观发挥空间。在阅卷之前，阅卷老师还会集中培训，学习给分标准，还会进行"试阅卷"，一切都达到要求后，才真正开始阅卷。

看到这里你应该明白了，真正决定你每一道题的得分的是这道题的给分标准，并不是阅卷老师。

所以，要想在中高考中拿高分，原则上，我们必须清楚每道题的给分标准，并按照给分标准去作答。

是不是觉得听起来特别复杂？其实这里有一个具体方法，就是"总结高分答题模板"——根据标准答案和给分标准，让答案模板化，这样就能保证我们在考试中拿下高分。

『习惯养成』
简单三步，在考场上写出高分答案

想要在考场上写出高分答案，大家可以按照如下三步做。

第一步，总结高分答案模板。

你先要选择高质量的标准答案。就中高考而言，往年，尤其是最近五年的真题答案是最有价值的。大型考试，除非遇到大的改革，其题型和考察方式基本保持着一致性。如果你有额外的精力，高质量的模考题，或者名校考卷的标准答案，也可以参考。

接着，你就可以开始总结答案模板。其中，需要关注"答案结构、得分点、学科术语"这三个要素。"答案结构"就是答案的整体结构；"得分点"是答案中可以得分的关键词和表述；"学科术语"是让你的答案看起来更专业的术语，每个科目都有自己独特的学科术语，这些需要你不断总结和积累。

第二步，刻意练习，按答案模板答题。

当你有了答案模板后，你可以找出同类型的题目专门练习。还是用作文举例，如果你总结出了高分作文的模板，那么你需要按照这个模板进行写作练习。我建议按照前面讲的"加大火力，集中学习"的方法，集中练习一个题型，这样会让你快速掌握甚至精通，继而运用得得心应手。

除了这样的刻意练习，你还需要根据实际的反馈，对模板进行优化。比如，你按照模板写作文，却发现分数还是没有那么高，那么你就可以去查找自己还有哪些问题，再总结优化。

第三步，考场上高分作答。

上了考场，考试时间紧张，你必须在短时间内写出高分答。我曾经采访一个从河北衡水中学考上北大的学生，她说她的高考作文一定程度上就是默写，她已经总结了好几个作文模板，而且针对有可能出现的话题，自己写了几篇范文。高考考场上，只要根据题目，把开头做一些改动，就能引导到自己总结的作文模板上，之后基本就是默写了。

所以，考场上要快速写出高分答卷，你要做到考的题目你都已经总结和练习过了。你可能会问，这怎么可能？我之前说过，标准化的考试，都是一场有边界的竞争——即使是压轴题，每年都有新题型，或者有更灵活的运用，也是万变不离其宗的。

对于主观题，按照"先构思，后作答"这两步就比较容易写出高分答案。先构思就是对于比较简单的题目，你直接在脑海中构思出答案就行了；而对于答案比较复杂的题目，比如作文和文科大题等，你可以先在草稿纸上写下答案结构、得分点、学科术语，基于此再作答，就会写得又快又好。

✎ 小习惯 18：
把字写清晰，拿满卷面分

『学霸案例』

三天学会"衡水体"的英文手写体

夏林（化名）是一个理科生，各科成绩都不错，在高考"百日誓师"的时候，他的成绩是可以上顶级 985 大学的，但离清北还是有差距的。

当时，夏林的数学和理综，基本都接近满分，成绩主要差在语文和英语上，他的英语经常在 130 分多一点，语文 110 分多一点，如果这两科能提高 10 分以上，也就是总分提高 20 分以上，上清北的可能性就非常大。

夏林很清楚自己最大的问题不在于知识，而在于卷面分。所以刚开始时他觉得在三个月内，很难将语文和英语的分数提高 20 分。从小到大，夏林没有专门练过字，他的字也确实写得很一般，考试时又不太注意书写，所以他的卷面分丢分严重。

夏林的妈妈是一名英语老师，她让夏林不用着急，现在距离高考还有三个月，拿到英语和语文卷面分完全有可能。

夏林妈妈亲自教夏林"衡水体"的英文手写体，即衡水中学学生书写的手写印刷体。这种字体整齐美观，在卷面评分时很占优势，但其实写出来并不难。如果是有一定基础的同学，几个小时就可以学会。英文书写的基础就是26个字母，再注意字母间距和单词间距，比汉字的书写简单太多了。

所以，夏林妈妈只用了三天的时间，就教会了夏林"衡水体"的英文手写体。当夏林看到自己在这么短的时间里，就写出如此规整的英文后，自己都不太敢相信。

练好了英文后，夏林也意识到写好字和拿到高的卷面分并没有那么困难。接着，夏林的妈妈专门给夏林找到了一个书法老师，教夏林写好汉字。虽然汉字的书写比英文难很多，但如果只是想要拿到卷面分，就没有那么难做到。这个书法老师教了夏林基本的汉字笔画书写，以及常见的汉字结构的书写原则，一共上了六次课，夏林就掌握了汉字书写的基本要义。

接着，夏林就集中精力练习汉字的书写，他每天写两篇语文作文，并交给书法老师，书法老师会告诉他还有哪些问题，应该如何提高。在这最后的三个月里，夏林除了复习，还花了一部分时间在练字上。经过这样的集中训练，夏林的汉字写得好看了很多。

最终高考，夏林考上了清华大学，他的语文考了120多分，英语也超过了140分。

『习惯解析』

把字写好，靠整洁的卷面多得分

我有幸看到过很多清北学霸写的字，虽然他们不是每个人都学过书法，但是字的美观程度，应付考试是肯定够了的。

很多学霸都会强调卷面分的重要性，而且他们中的很多人，都有过专门练字的经历。

其实，如果想要在考试中拿下高分，就一定要注意卷面分。在中高考中，如果你能把字写整齐，得分肯定会更高一些。我来具体给你分析。

一、写好能多得分：直接提高作文以及文科大题得分

语文的作文总分就几十分，字整不整齐，是会影响老师评分的。其他大部分文科大题的答案也很长，这么多科目和题目合起来，卷面的整洁与否导致总分出现十几分的差距也是非常有可能的。

二、写不好会失分：书写不好可能会出现不必要的失分

现在的考试，都是踩点给分。即使是理科的大题，也是按照步骤给分。如果你的书写不好，很有可能你写出来的得分点，或者算出来的步骤让阅卷老师难以辨认，甚至没有发现。

中高考的成绩，基本上都是不足二十天就出分。在这么短的时间里，阅卷老师的任务是很重的，他们看每一道题的时间都是很短的。如果因为书写和卷面答案排版乱七八糟，导致阅卷老师在有限的时间里没有找到答案，那就是你自己的责任了。

三、写不快会降低得分：书写不流畅会让你做不完题目

有些同学写字速度很慢，甚至多写一会儿手会疼。其实，不合理的握笔姿势和写字方法都会影响速度，书写不流畅会导致你考试的时候做不完题目。

如果你经常写不完答案，你可以看看是不是自己写字速度太慢。如果是，你可以开始练习科学的写字方式，提高写字速度，这样你的成绩也会跟着提高。

『习惯养成』

拿满卷面分，谁都能做到

其实按照下面的三点来做，每个同学都能拿满卷面分。

一、打破错误认知

你要打破一个错误的认知，就是你的目的是"拿满卷面

分"，而不是像去参加书法比赛一样，写得又慢又仔细，试图写出一个个完美的汉字。就像夏林的例子，他也只是向书法老师学习了基本的汉字笔画书写规则，而不是真的去系统学习了各个字体的书法。

很多同学会在练字上花很多时间，觉得一定要把字写得非常好看。如果你有时间，你可以这样做，把字写得更好看，也是件好事。但如果只是应付考试，标准不用那么高。

二、拿满卷面分的两个原则

第一，整洁舒心。

卷面分是视觉上的第一印象，所以，你的书写需要尽量不让人产生不好的心理感受，整体看上去整洁舒心。大家可以从如下三个方面要求自己。

字内：就每个字而言，整体写得工整一些，别歪歪扭扭。字内别太紧，尽量舒展宽松，字的整体形态轮廓不要太细长，要相对匀称一些。

行内：就每行字而言，别忽上忽下，忽大忽小，高低要平稳。当然，两个字之间，也不要挨得太紧或太松，距离要相对适中一些。

行间：每行之间，要保持相对舒服的距离，不要过密，也不要过疏。上下行之间，要距离一致，别有的近有的远。

其实只要我们平时写字的时候，刻意训练一下，再学习一些基础的书法知识，在正式考试的时候，别太马虎，你就能做到以上三点，把卷面分拿满。

第二，尽量别出错。

在考试的时候，尽可能不要出现书写错误或更改的情况，这会很影响卷面分。如果你的答案中，好多地方都有删改，而且有些同学还把删除线画得特别重，给人感觉就是一团黑，这会影响卷面的整体美观度，降低卷面分。

所以，大家可以先列提纲再写答案，这样就能在很大程度上规避写答案出错的情况。

当然，如果你实在写错了，也不要太着急，用笔轻轻地划掉就行了，千万不要太重。只要不是有太多的删除线，偶尔一处，范围不大，就不会太影响整体美观。

三、提高每道题的得分

除了提高卷面分之外，掌握一定的书写技巧还可以提高每道题的得分。之前讲过，阅卷基本都是踩点给分或者按步骤给分。所以，我们在书写答案的时候，一定要做到结构清晰，便于阅卷老师识别。具体而言，大家可以参考如下三个注意事项。

第一，有清晰的要点编号。

对于答案较长的主观题，大家尽量分点答题，写好编号。

而且每一点内容都要分段，保证在形式上都是独立的。这样就很容易让阅卷老师看到你的答案要点，也能更好地发现你的得分点。

第二，得分点在视觉上突出。

当你分点答题时，每一个要点里，你都可以把第一句话写成总结，而且这句话你一定要精心斟酌，让阅卷老师看到你的能力和水平。在视觉上，你不仅要把这句话直接写在编号后面，而且还可以直接成为一行，这样就能让阅卷老师一眼看见。其他对这个要点进行说明的内容，可以另起一行再写，这样就很清晰。就像我在讲述答案书写的三个原则时，也是做了这样的书写排版。

第三，关于作文的书写。

在写考场作文的时候，除了前面要求的字迹工整之外，也可以采用"得分点在视觉上突出"的方式。在作文评分中，有"主题清晰"这个关键评分点，因此，你的作文主题、总论点和总结句等，都可以单独成段，或者用"加引号"的方式来突出，这样就能让阅卷老师清楚地看到你的主题。

在分论点上，你也可以采用这样的方式。我采访过一个北大的学霸，他的作文就是三个分论点，各自成为一段，这样阅卷老师就一定能看见。

当然，你作文中的一些金句，或者扣题的句子，也都可以在视觉上突出，至于是分段还是加引号，你可以根据实际情况来选择。比如，在结尾的时候，你要用一个金句再次点题或者升华，那么，直接将这句话作为最后一段，就是一个非常不错的选择。

✏ 小习惯 19：
考试多带一支笔，不知不觉把分提

『学霸案例』

考试多带一支铅笔，数学满分上北大

北大朱朱（化名）的高考数学考了满分。她考试的时候，尤其是数学考试，都会专门多带一支铅笔。

这支铅笔不是用来涂答题卡的，而是在做题的过程中用。她会用这支铅笔做两件事，第一件事就是用来审题"圈条件"，这样她就不会看漏条件。而且条件专门圈出来后，就会非常醒目，她在思考的过程中，能紧紧抓住这些条件，快速找到解题思路。

另外，朱朱还用这支铅笔来做辅助线。很多几何题目都需要我们做辅助线，而铅笔画的线方便擦除，所以你可以尝试做不同的辅助线，如果不对，擦了再尝试。其实，在尝试做不同的辅助线时，你也在找这道题的突破口，一旦你辅助线做对了，那就是找到了解题的关键。

『习惯解析』
多带一支笔，是考试得分高招

多带一支笔这个习惯虽小，但对考试成绩有很大的影响。

如果尝试做辅助线时，不用铅笔，而是用黑色水笔，那么一旦你做错了辅助线，就不能擦掉，若是你想多尝试几次，可能渐渐地，你自己都看不清题目的原图到底是什么样子了，再想把题目做出来，困难就更大了。相反，如果使用铅笔，你就能不断尝试，找到思路。

在审题的时候用铅笔"圈条件"也是一个非常重要的得分细节。很多同学在审题的时候，没有"圈条件"的习惯，如果遇到稍复杂一些的题目，条件稍微多一些，很容易就会看漏或看错条件。而对于题干长一点的题目，如果审题时不把条件圈出来，很容易看了后面忘了前面，又需要重新看一遍，做题的速度就慢了，还不容易找到解题突破口。相反，如果审题的时候把条件圈出来，即使忘了前面的条件，但因为你已经圈出来，再从头看题，也会直接抓住要点。

当然，这里得特别说明一下，审题"圈条件"的笔不一定是铅笔，只要是把条件"圈出来"，用什么笔并没有那么重要。比如，很多同学在审题时会使用蓝色的笔"圈条件"，和自己用来作答的黑色笔区别开来，这样也是可以的。

所以，多带一支笔，在不知不觉中，你的考试得分就会提高不少。

『习惯养成』
考试小习惯，会非常影响得分

考试多带一支笔这个习惯的执行难度并不大。但是，我更希望同学们通过这个习惯，意识到一个问题：在考试中，一些你没有想到的小细节、小习惯，会非常影响你的得分。

一定要在平时做一个有心人，多向老师、学霸取经，多去分析自己考试失分的原因。只要你真的这么去做了，这样的小习惯你还能找到很多。比如，很多同学考试中都容易出现的粗心问题，你有没有什么高招可以解决呢？

如果你现在还没有，那么就和我一起进入下一个考试小习惯，把草稿纸轻轻一折，就能解决考试粗心丢分的问题。

✎ 小习惯 20：
轻轻一折草稿纸，考试不再粗心丢分

『学霸案例』
草稿纸严格分区，告别粗心上清华

阿亮（化名）的成绩一直不错，但是他有一个很大的问题——在考试时常会因为粗心而丢分。他在草稿纸上计算的时候，两道题的计算过程总是离得太近，甚至交错在一起，这导致他把上一道题的一个数字看到了下一道题里面，一不小心，就出错了。

知道了自己的问题后，阿亮在草稿纸上演算的时候，会尽量把每道题都独立开来。但因为有时候一道题的演算过程比较长，写着写着就又和另外一道题缠到一起去了，所以他仍然时不时会出现类似的问题。

后来，阿亮班里的另一位学霸帮他解决了这个问题。

这位同学在考场上有一个习惯，她会把草稿纸对折几下，这样草稿纸就成了几个小的分区，每个分区只演算一道题。在每个分区的角上，她还会标记好这道题的序号。通过这个方式，就不会出现几道题的计算过程在草稿纸上缠绕到一起的情况，也就不会因为看错、弄混而粗心丢分了。这样做还有另外一个好处——每道题都有了序号，计算过程又都在一个清晰的分区里面，检查的时候，就能清晰地看到每一道题的演算过程；或者某一道题一开始只算了一半，没有算出来，就跳过去了，等再回来继续思考的时候，也能在草稿纸上看到之前的思考过程，不用从头开始，能节约很多时间。

就这样，阿亮学会了"草稿纸分区"的方法后，再也没有因为在草稿纸上看错、弄混而丢分，他每个科目的考试成绩都有了一定程度的提高，最终顺利考上了清华。

『习惯解析』
一定要把粗心当回事

很多同学在考试结束后经常会说，"我这道题没做出来，是因为我粗心算错了"，"是我看错条件了，本来我能做出来的"。

但是有些同学不会针对粗心的问题去想解决办法，等到下次考试的时候，还是会因为粗心丢分，而粗心的原因还是和上次一样，要么看错了条件，要么在草稿纸上把题目弄混了。

但是面对粗心，学霸的态度完全不一样，他们会做好以下三件事。

第一，学霸会很关注粗心这个问题。

在意识上，学霸不会放任粗心不管，不会用"粗心"两个字就把自己的错误敷衍过去。我曾经采访过一个学霸："你怎么看待粗心？"他的回答是："粗心就是错误，一定要把粗心当回事。"

他们知道，如果自己不解决粗心的问题，成绩是不可能提高的，考上名校的可能性也就没那么大了。

第二，分析自己粗心的真正原因。

有一个学霸对我说过"没有真正的粗心"，所有的粗心都有原因。学霸会客观分析粗心的真正原因。

比如，你看错条件可能就是因为你对这个条件的应用不熟练，对这个知识没有掌握得那么透彻，这其实是"假粗心"。

面对粗心，学霸会客观分析自己到底是"假粗心"还是"真粗心"。对于这两种情况，他们会有针对性地分别去解决。

第三，解决粗心的问题。

"假粗心"就意味着自己的能力还不够。如果是知识没有学明白，学霸们会先把知识学明白；如果是对知识应用不熟练，他们会多加练习；如果是计算出错，那很有可能就是计算能力不够，就需要专门训练计算能力了。

面对"真粗心"，他们也有两个办法解决。接下来，我会在"习惯养成"中讲述。

『习惯养成』
两个方法根治"真粗心"

一、在考场上给草稿纸分区

在学霸案例中，我们讲到了考试时给草稿纸分区的方法。平时，你可以通过训练总结出，不同的科目每道题的草稿纸分区应该有多大。这样考试的时候用起来就会非常方便。

除了对折草稿纸，还可以在草稿纸上用笔直接画出每道题的分区。

二、平时训练中用 30 秒回看题目

根除真粗心问题，更多地是需要在平时花功夫。很多同学会出现"看错数字""看错问题"等粗心的情况，比如"把 1 看成 10""把加号看成减号""把'选表述错误的一项'看成'选表述正确的一项'"等。

阿哲（化名）也曾有过以上问题，所以他在考试的时候，非常注意检查。但是，考场上的时间毕竟是有限的，检查还是不够充分。于是，他会在平时训练自己，每做完一道题，他就

会马上回看，一是看自己解题思路有没有错误，二是看有没有粗心。基本上，每道题花掉大约 30 秒的时间。我将这个方法叫作"30 秒回看法"。

通过这个方法，阿哲就发现了自己在解题时常出现的一些问题和粗心情况。在之后做题时，他就会非常注意这些问题。经过一段时间的训练，阿哲基本消除了粗心问题。最终他以数学满分、总分全市第一名的高考成绩考上了清华大学。

我还认识一名小学数学老师，她也会要求自己的学生养成"做题回看"的习惯。她教出来的学生，很少有粗心问题。

所以，你可以在做题时用"30 秒回看法"来进行练习，相信经过一段时间，你也能告别粗心问题。

但要强调一点，"30 秒回看法"适用于平时训练，考试时，不要使用这个方法，否则会影响做题速度。要把粗心的问题在平时就消灭掉，考试的时候就不会出现粗心的情况。

✎ 小习惯 21：
考后必做试卷分析，在意分数你就"错"了

『学霸案例』
三模没上 600 分，分析试卷后轻松上北大

　　轩轩（化名）就读于北京海淀区的一所重点高中，从小就喜欢看书的她，一直都有一个北大梦。而且她的高中就在北大附近，她更是希望自己能考上北大。

　　当时北京是高考之前填志愿，虽然她的成绩和北大还是有一点差距，但在人大和北大之间犹豫了很久后，她还是决定报考北大。这其实是一个很冒险的行为，因为如果她没能考上第一志愿北大的话，就只能去一所其他层次的大学，像人大或北师大这些顶级的 985 大学大概率是没戏了。

　　所以，填了志愿后，轩轩开始更加努力地学习。但在高考一个月前的三模考试中，轩轩的成绩非常不理想，连 600 分都没到。

　　拿到成绩回到家，轩轩就抱着妈妈痛哭，因为她觉得只剩下 30 天，自己却连 600 分都没有考到，不仅去不了北大，其

他好一点儿的大学也没有可能了。

轩轩的妈妈是一名教育工作者，她并没有慌，告诉女儿不要急，只要把握好这30天的时间，还是可以上北大的。

于是，轩轩的妈妈带着她花了整整一个下午，认真分析了三模考试的各科试卷，找出每一个科目存在的问题，制订了最后30天的学习计划，并具体到了每一天。

做完这些后，轩轩悬着的心就瞬间变得踏实了。于是，在高考前的最后一个月，轩轩严格按照这个计划学习。本来之前的计划安排到了高考前的一天，但由于学习进展得很顺利，她还提前一天完成了所有的任务。

最后，轩轩如愿考上了北大。

『习惯解析』
除了中高考，其他所有考试都只是为了发现问题

很多同学都和轩轩一样，会很在意自己考试的成绩，如果考得好，就可能沾沾自喜；如果考得不好，就会很担忧。

在这里，我想告诉同学们：除了中考和高考，其他所有考试的分数都不重要。

为什么这么说呢？因为从应试的角度，小初高的所有学

习，最终都只为了一件事，就是在中考和高考中拿到高分。所以，其他任何一场考试的意义都只是让你通过考试发现问题。你不用太在意自己的分数，而是要找到问题后查漏补缺，做好试卷分析，在中考和高考中都不再重现这些问题，从而拿到高分。

『习惯养成』
试卷分析这样做，中高考一定拿高分

考试后的试卷分析到底应该怎样做呢？需要注意三个问题。

一、全科整体分析

学校或者更大范围的统一考试更有分析的价值。所以，大型考试，比如月考、模拟考试之后，首先要做的一件事，不是分析每一个科目的试卷，而是先对总分和各科分数进行整体分析。

道理其实非常简单，因为中考和高考最终都是比总分，不是比单科的分数。整理分析后，你要想清楚接下来，应该怎样学习，使提分的速度更快。通常应该把主要精力花在自己的偏科上，这样提分效率更高。当然，如果没有特别偏科，就可以根据每个科目的情况，合理安排接下来花在不同科目上的时间。

二、单科具体分析

当完成全科的整体分析后，接下来就需要进行每个科目试卷的具体分析。

你要找到失分最严重的板块，或者题型，这些是要多花时间去搞定的地方。再去看其他细节的失分，比如一些小的知识点，或者解题技巧等。

先抓重点再关注细节，就能保证在每个科目的学习上，都能更加高效地提分。

三、自我分析和请高手分析

分析试卷，对于多数同学来说，其实不是一件仅仅靠自己就能做好的事情。一是因为自己的水平不够，难以真正发现问题；二是自我分析很有可能不够客观。就像轩轩三模后，也是妈妈带着她进行试卷分析。

所以，除了自己做试卷分析，如果有条件，还可以找高手来帮你。比如，你可以找每个科目的老师来帮助你分析。其实很多学校的老师，也会单独给学生"面批试卷"，你要把握这个时机。就算学校老师没有主动提出"面批试卷"，你也可以主动去找老师。

如果你实在不好意思找老师，还可以找班里的学霸。他们也能帮你做出客观的分析。

记住，在分析试卷这件事上，一定不要怕麻烦。学习就是从不会到会的过程，只有在考试后，经过试卷分析，客观评判，找到问题，接下来一个一个地解决，才能最终在中考或者高考中拿到高分。

第四周养成

学霸生活习惯
让学习状态保持最佳

✐ 小习惯 22：
吃好睡好玩好，让身体能量满满

『学霸案例』
课堂满血，回家充电

　　罗晓（化名）是江苏一所重点高中的学生，他们学校每年都有几十个学生能考上清华北大。当我第一次和罗晓见面时，我又问了一个老生常谈的问题："高考之前，你有把握自己能考上清华北大吗？"他回答我："当然有把握啊，如果裸分考不上，那我就走强基计划，我肯定可以上。"

　　我接着问他："那你成绩这么好，有什么独特的学习习惯吗？"他想了想后说："独特的学习习惯我还真没有，但我有一个习惯不知道算不算。就是我回家后，从来不学习，我只在学校里面学习。"

　　采访了那么多学霸，第一次听到有学霸说到这个习惯。后来我才知道，原来，一方面罗晓在学校的学习效率非常高，另一方面他觉得回家后最重要的事是休息好，给自己的身体充电，保证有好的学习状态。

罗晓一直保持着"回家不学习"的这个习惯，最终高考也以全省前三十名、总分 700 分以上的成绩考上了北大。

『习惯解析』
好的身体状态是提高学习效率的基础

同学们都有过感冒的经历，你回想一下最近的一次感冒，是不是当时自己的身体状态很不好，做什么事都打不起精神，学习的效率和状态，也大不如身体好的时候。

学习，本质上也是一场效率的竞争。学习的效率是由两类因素决定的：一类是各种"技术因素"，比如学习方法和学习习惯等；另外一类，就是"身体因素"。如果你每天都是精神满满，在"技术因素"不变的情况下，学习效率自然要比昏昏沉沉的时候要高。所以，提升学习成绩的一个前提是好的身体状态。

那怎么才能有一个好的身体状态呢？其实方法非常简单，就是"吃好睡好玩好"。

吃好：人是铁，饭是钢，一顿不吃饿得慌。食物是身体一切所需能源的保障，吃好是身体状态好的基础保障。

睡好：睡眠是身体状态的保证，一定要睡好，精神才会好。

玩好：玩也是一种让身体获得能量的方式。玩好了，是一种休息，让自己身体因为玩而能量满满；如果玩不好，则会让身体更疲倦。怎样才能更科学地休息呢？我会在"习惯养成"中具体讲述。

『习惯养成』
让身体能量满满的"黄金三角"

"有目标，去运动，会休息"，按照这个"黄金三角"去做，经过一小段时间，就能让自己能量满满。

一、有目标

美国思想家和文学家拉尔夫·瓦尔多·爱默生曾说过："一个人只要知道自己去哪里，全世界都会给他让路。"

爱默生这句话虽然是讲人生，但对于学习也同样适用。很多同学不想学习，不爱学习，大概率是因为"不知道自己学习是为了什么"。以前很多农村的学生，学习会更加努力，是因为想通过读书跳出农村，改变自己的命运。"读书改变命运"这个目标是他们的动力。

而现在，很多同学家庭条件很好，"读书改变命运"这个目标很显然不适用了，那我们需要找到一个新的目标，还要把自己的目标和现在每天的学习联系起来，我推荐你进行"梦想倒推"。

具体的做法很简单，就是先问自己，当然也可以让别人问自己，你未来的梦想是什么？如果你未来想做一个天体物理学家，研究太空的秘密，那么，你就可以根据这个梦想来倒推。首先，你最好读一个天体物理学的博士，你可以查一下，哪些大学的天体物理专业好，比如清华大学；再接着倒推，假设你现在是初中生，你要考上清华大学，就需要上你们当地最好的高中；而要能考上当地最好的高中，需要排在你们学校的年级前二十名，而你现在是年级第五十名左右；接着你就看自己和第二十名的成绩还差多少，差的这个分数，分配到每一个科目里面；再根据每个科目要提高的分数，列出具体的学习计划。

通过"梦想倒推"，你就把梦想和每天的学习完全联系在了一起。这样，哪怕是背一个单词，你都知道了它的意义。

二、去运动

在清华大学的西操场上，有一个非常醒目的标语：为祖国健康工作五十年。而清华大学还有另外一个民间戏称的名字"五道口男子体校"。"五道口"是清华大学所在地方的名字，"男子"是因为清华男生很多，"体校"就是因为清华大学太重视体育了。

体育运动能给你带来一个好身体，"好身体是革命的本钱"。所以，要想有好的学习状态，必须去运动，不能整天窝在家里。

其实很多知名的中学也都很重视体育。在河北衡水中学，即使是时间最紧张的高三学生，也都有专门的运动时间和运动要求。

另外，在我采访过的清北学霸里，喜欢运动或者有运动习惯的学霸，占比也是非常高的。

三、会休息

很多人一说到休息，就会觉得是躺着刷手机或看剧。但是你会发现，你玩手机会越玩越累，看完半天的剧，你可能反而更没有了精神。

其实休息的本质，是"恢复"。

脑力用得太狠和体力用得太狠都不行，就像弹簧不能一直绷着。所以，体力工作者需要让身体本身休息，比如睡一觉，就能恢复；对于学生来说，用脑很厉害，就要让大脑放松下来，让大脑去"恢复"。追剧、刷手机会让你越来越累，是因为你干这些事情的时候还是在用脑。

所以，基于这个道理，对于学生来说，科学地休息就是要做好以下三件事。

第一，睡好觉。

第二，去运动，既能增加体能，又能让大脑休息。

第三，见缝插针地放松。比如上完一节课，我们就应该到走廊活动一下，课间 10 分钟，就能让大脑得到短暂的放松。在家里长时间学习的时候，也不要一直学，每隔一个小时，就必须放松一下，可以喝口水或上个厕所。这种见缝插针的放松，是让你长时间保持好状态的一个非常重要的方法。

✎ 小习惯 23：
马上行动，不去执行一切都是空谈

『学霸案例』
清北学霸都有极强的执行力

在这里，我不讲某一个清北学霸的案例，而是讲一个几乎所有清北学霸的共同点，即他们都拥有"极强的执行力"。

我的工作需要和很多清北学霸合作，在这个过程中，我发现一个特别有意思的现象：很多清北学霸会表现得非常"两面"，有时候他们做事情会很拖延，而有时候他们做事情非常神速，执行力惊人，而且又快又好，很不可思议。

为什么同一个人，会有如此极端的两种表现呢？

我仔细分析后发现，他们非常拖延的事情，通常是他们自己没太想清楚，或者认为不太需要现在就做的；而他们做得非常神速的事情，则是他们想清楚了，决定当下就需要做的。我为了验证这个发现，还特意和几个学霸聊了一下，他们也表示的确如此。

我又仔细回想了我采访过的清北学霸，发现他们在讲述自己学习的过程时，都无一例外地有清晰的学习计划，长期坚持执行，最终获得好成绩。

所以，很多时候有人问我，采访了一百个清北学霸后，发现他们和普通学生有什么区别，我会说最大的区别就是"学霸没有畏难情绪"，本质的表现则是：学霸没有畏难情绪，所以一直都在执行，不会因为遇到困难停止自己的脚步；而普通学生因为有畏难情绪，害怕困难，常常停止执行的脚步，中途放弃。

『习惯解析』
一切好成绩都需要执行来实现

我在采访清北学霸的时候，经常会问这样一个问题："你认为你考上清华或者北大，天赋和努力，到底哪个更重要？"

绝大多数的学霸会认为努力更重要。当我再追问："那你会认为你天赋一般，或者说也没有多聪明吗？"他们的回答大多会是："天赋或者说聪明只是一个基础，如果你不努力，也不可能考上清华北大。"而且他们还会特别强调："考上清华北大需一定程度的聪明，但是并没有要求你是天才。很多同学的天赋都是够的，他们没有考上，根本原因是努力还不够，方法可能还差一些。"

其实，执行在学习中有多重要，同学们都知道。所有科目的学习，都需要一件事一件事去做的。即使你有再好的学习计划，你不做，你的成绩也不可能进步。没有执行力，一切就是空谈。

『习惯养成』

极强的学习执行力如何养成

按照如下三个方面去做，就能像学霸一样拥有极强的执行力。

一、学习计划必须是具体的

凡事预则立，不预则废。这是我们很早就知道的道理。而学习需要有学习计划，也是常识。

好的学习计划，有助于更好地执行。所以，要培养出在学习上极强的执行力，首先需要制订好学习计划。

在学习的过程中，有长期计划，比如一个学期的，一个学年的，甚至某一个三年学段的；也会有短期计划，比如一周的，一天的，甚至一节课的。

但是从便于执行的角度，只有一个原则——计划必须是"具体的"。"我这个学期要提高作文水平"是一个学习方向，但不是计划。"我这个学期要提高作文水平，我要分析十篇满分作文，并仿写出十篇作文，自己再原创二十篇作文"才是具体的学习计划。

有时候制订的计划不一定能够那么具体。那你可以进行拆解——为了达成这个学习目标，要去做哪些事情？去执行你拆解出来的每一件事就可以了。

还是"我这个学期要提高作文水平"的学习计划，你可以拆解成"要分析满分作文，去看《人民日报》的时评，看《读者》或《青年文摘》这样的杂志"，还需要"去仿写满分作文，去练习考场作文的审题以及写作考场作文"，甚至"去做限时训练"。

你把拆解出来的这些事情，安排到这个学期的时间里去，这样就能得到一个清晰的"执行计划表"。

二、马上行动，有规律地执行

有了清晰的执行计划后，那就需要行动起来了。要把握两个原则。

第一，马上行动。

战胜拖延最好的办法是"马上行动"。你可以使用"3秒法则",就是做之前,数出"1、2、3",然后就马上去做。这样一个小小的仪式,能让你立刻行动起来。不信的话,你现在就去试试。

第二,有规律地执行。

学习除了要有马上去做的行动力,也需要长久地坚持。一个学习计划的执行,需要一个月,一个学期,几年,甚至长达十多年的坚持。如何在这么长的时间内,一直保持超强的执行力呢?最好的方法,就是把执行当成一种习惯。

怎么做到这一点呢?让我们一起进入下一个学霸小习惯:定时定点学习。

✏ 小习惯 24：
定时定点学习，快速进入学习状态

『学霸案例』

洗澡时听英语演讲，"偷时女孩"700 多分上清华

　　李拉（化名）是一个非常会偷时间的女孩，她会用各种办法，把每天的时间用到极致。她有一个严格的学习计划，除了每天学校上的课，对于其他的一切可以自己利用的时间，她都会计划出每个时间段分别要做什么。对于一些相对比较固定的时间段，她会安排一些固定的学习内容。比如，她有一个独特的学习习惯，就是在洗澡的时候，她会听英语演讲。

　　一方面，她希望提高自己的英语分数；另一方面，她希望自己的英语水平不止于应对考试，尤其是希望口语能好一些，避免学成哑巴英语。在学校的学习中，她很难找到合适的时间来进行额外的英语学习。所以，她把洗澡的时间，变成了学英语的时间。通常情况下，听完一个英语演讲，她也就洗完澡了。这件事情，她整个高三都在坚持，哪怕再忙再累，她也都在做。因为，这早已经不是一个学习任务，而是一种习惯。

最终高考时，李拉也以超过 700 分的成绩，考上了清华大学。她的英语分数也很高，有 140 多分。考入清华后，哪怕高手如云，英语依然是她的优势，她的表现还是非常突出。

『习惯解析』

让学习成为习惯，会让学习变得像吃饭一样轻松

可能很多人会觉得李拉洗澡时听英语演讲的习惯不可思议。但对于李拉来说，这已经成了她的一个习惯。

你可能觉得每次都要找英语演讲很麻烦，但是她每次只需要打开一个固定的软件，打开英语演讲视频，开始播放就行。你可能会觉得水声很大，听不清楚，而且洗澡也不能集中精力，但是她可能都不会意识到还有水声，洗澡更不会让她分心，因为这就是她听英语演讲的环境，她已经习惯了。

很多同学可能磨蹭半天都不能坐到书桌上开始学习；即使开始学习了，也可能很快就分心，一会儿想着喝点水，一会儿想着上个厕所，就是不能集中注意力。

怎么解决这个问题呢？就是把学习变成一种习惯。具体的做法也非常简单，像李拉一样，做到定时定点地学习。这样，每次学习就不需要极不情愿地开始，也不需要挣扎着去坚持，

而是像吃饭一样，到点就去吃。

『习惯养成』

定时定点学习，越早开始越早受益

定时定点学习的习惯具体怎么保持呢？需要把握三个原则。

一、需要定时，也要定点

一是"定时学习"，即固定每天的学习时间，形成习惯。到了具体的时间点，就去学习，而且对应一项具体的任务，这样坚持个十几天，就能养成习惯。比如，每天早上七点半，有三十分钟的语文晨读；每天晚上八点半，也可以安排三十分钟进行当日学习的总结。这都是定时学习。

二是"定点学习"，即固定学习的地点。我曾经采访过一个清华的女生，问她："你觉得家长需要在孩子的学习上必须做到的事情有什么？"她的回答是："要让孩子有一个独立的房间，里面有一个书桌，如果实在不能有一个房间，要在固定的地方有一张书桌。"如果在想学习的时候，没有一个可以学习的地方，那么本来想学习的那股劲儿，可能很快就消失了。

二、越早开始，越早受益

我曾经采访过一个学霸，她妈妈在她小学的时候，对她的学习就只有一个要求：每天放学回家后，吃完饭，就马上开始学习，做完当天的家庭作业后，其他的时间想干什么就可以干什么。

她说，得益于她妈妈的这个要求，她很早就养成了回家先写作业，再干其他事情的习惯。

我们在小学的时候，不用太在意成绩，小学最重要的，是养成好的学习习惯。推荐大家按照"预习、有目的地听讲、课后复习和完成作业"这四个步骤来学习。

其实，我在第一章中也提到了当日的七个习惯，这就是我们当天学习的具体步骤，本质上就是"定时定点学习"。

三、劳逸结合，效果更佳

在这个部分，我们虽然是讲"定时定点地学习"，但我们真正在安排学习时间时，必须采用劳逸结合的方式。我曾经采访过的一个北大学霸，他放学回家后的时间是这样安排的。

除了吃饭，会有三个大块的时间：学习时间、游戏时间和看书时间。学习时间就是要完成当天学习任务的时间；游戏时间就是一家人一起玩游戏的时间，比如一家人一起玩棋牌类的游戏；看书时间就是一家人都自己看书的时间。

你看，这样的安排是不是非常有意思？既保证了学习，又照顾到了亲子互动，家里人一起看书还有助于我们从小养成阅读的好习惯，一举多得。

小习惯 25：
保持情绪稳定，别被情绪绑架

『学霸案例』

无视同学的"嘲讽"，垫底女孩逆袭考上了北大

　　婷婷（化名）高一的时候，年级排名 700 多，几乎倒数。不仅同学，就连她自己，都觉得自己是"妥妥的学渣"。但婷婷内心其实有一个北大梦，只是她一直把这个梦想深埋心里，没有告诉任何人。而且她自己也觉得，这可能只会是一个梦。

　　因为一次意外，班里有几个同学知道了婷婷想考北大的事情，而且很快传遍了全班。结果，很多同学嘲讽她，说她这样的学渣居然想考北大，简直是痴心妄想。

　　这样的嘲讽，对于一个十五岁的女生来说，是极难承受的。她感觉自尊心受到了极大的侮辱，而且她也不想真的被班里的同学看不起。

　　于是，她当着全班同学的面说："虽然我现在是'学渣'，但我会向你们证明，学渣也能上北大。"

　　结果，大家对婷婷的嘲讽更加厉害。可能多数人的心态都

会被这种变本加厉的行为摧毁。但是婷婷并没有受影响，而是开始疯狂地学习。她把别人对她的嘲讽当作学习的动力，她心里只记得自己的北大梦。

最终，经过三年的努力，婷婷如愿考上了北大，向大家证明了"学渣也能上北大"。

『习惯解析』
情绪稳定，紧盯目标，是你成绩变好的必由之路

对于学生来说，除了学习本身的问题，其实还有一个非常难以逾越的障碍，就是"自己的情绪"。

当你成绩不好的时候，班里很可能会有同学看不起你，不管是有意还是无意，这种情况一定会存在。很多同学面对这样的情况时，就会自卑，一直处在一种很低落的情绪里面，根本无法集中精力学习，成绩越来越差，进入恶性循环。

成绩好的同学，其实也有自己的情绪问题。有些同学，在努力学习的时候，会引来同学"阴阳怪气"的嘲讽。比如，你下课了还在学习，可能就会有同学说："哎呀，想考第一名啊！第一名都没有你这么努力呢！"这样的话会非常影响人的情绪，会让很多同学产生"不合群"的不安。一旦出现这样的

心态，很多同学就难以全心地投入学习，甚至干脆放弃了，开始和大家一起玩。

以上两种情况，都是外界的评价对自己情绪的影响。

在学习的过程中，情绪的影响还会来自"自身"。很多同学，一旦成绩没有提高，或者开始退步，或者考试结果不好，就会开始怀疑自己，觉得自己不行。当然，也有一些同学，成绩进步之后，或者成绩很好的时候，也会沾沾自喜，开始变得骄傲。这些都是情绪上的变化，不利于学习。

我采访过的清北学霸，他们眼中只有自己的目标，按照计划冷静地学习。不会因为别人说了什么，或者自己的成绩起伏，情绪就受到影响。

"情绪稳定，紧盯目标"就是一种非常好的学习状态。你不会因为情绪的起伏，而消耗自己的精力。你所有的时间都在学习，没有一丝一毫的浪费，自然学习的效率非常高。怎么做到这一点呢？一起来看"习惯养成"。

『习惯养成』
屏蔽力加钝感力，会让你成为无敌的存在

在学习的过程中，情绪变化主要源于外界的评价以及自身成绩的起伏。但其实，只要拥有"屏蔽力和钝感力"就能有效地控制情绪。

一、屏蔽力：只在意目标的实现

请你记住，学习就是要实现自己的学习目标，一切阻碍你"实现目标"的事情，都不值得关注，都应该被屏蔽在你的世界之外。

比如学霸案例中，班上同学对婷婷的嘲讽的确会影响情绪，但"别人嘲讽"这件事本身和实现学习目标毫无关系。因此，婷婷根本不在意别人怎么说自己，只管自己学习，去实现"考上北大"的学习目标。

那怎样才能拥有很好的屏蔽力呢？给大家一个具体的方法：遇到事情后先停下来想一想，这件事和我实现学习目标有关系吗？没关系，那就不管它了；如果有关系，那就平静下来，分析自己该如何处理。

当你能分辨出哪些事情与实现学习目标无关后，你就能真正屏蔽这些事。

二、钝感力：不用在意错误的多少，只要消灭错误即可

屏蔽力是直接过滤掉与目标无关的事，更多是对外界发生的事情的一种反应。但是有很多事情就发生在自己身上，你无

法屏蔽。这种情况下，你需要拥有"钝感力"。

对于学生来说，你学习遇到困难，出现错误，成绩不好时，是最需要钝感力的。比如，某次考试，你的成绩下滑严重，数学错了很多题，以前你能考90多，而这次只有70多分。

这个时候，你反而要冷静。你要分析自己为什么出现了这些错误，找到原因后，再把这些错误消灭掉。

所以，在学习的过程中，对于你必须关注的事情，你也无须太敏感，不用反应太强烈。你的感知可以"钝"一些，平静地找到并解决问题。

✎ 小习惯 26：
习惯性奖励自己，给学习增加一点甜

『学霸案例』
从小向妈妈要奖励的小男孩，后来考上了清华

彬彬（化名）在幼儿园的时候，就喜欢各种玩具小汽车。上了小学后，他每天去上学，都要在书包里带上几辆玩具小汽车。每天放学回家，第一时间就去玩玩具小汽车，家庭作业能拖就拖，经常是仓促完成，并没有认真去做。

学校考试，彬彬的成绩在班里经常垫底。老师也专门打电话给彬彬的妈妈，告诉她彬彬在学校里，有时候上课都偷偷玩自己的玩具小汽车，下课更是和其他同学一起玩。

本来，彬彬的妈妈觉得喜欢玩具小汽车没什么。但是彬彬已经因此影响到了学习，所以彬彬的妈妈就规定他，上学不许再带汽车玩具，回家后也要先完成家庭作业才能玩。

毫无疑问，这引起了彬彬的反抗情绪。

于是妈妈就换了一个思路。她和彬彬说："只要你考试进步 10 分，妈妈就给你买一辆你想要的玩具小汽车。"

这一下子激发了彬彬的学习动力，他开始主动学习。放学回家就先完成作业，去学校上学虽然带小汽车，但是上课不再偷偷玩了。

就这样，在下一次考试中，彬彬的成绩进步了10多分，妈妈兑现承诺，给彬彬买了一辆他很想要的四驱车。后来，彬彬的成绩很快就到了班上的前几名，各科基本都是接近满分。没有了分数上的进步空间，也就得不到买玩具的奖励了。

这个时候，彬彬主动找妈妈谈，说只要自己保持现在的成绩，期中和期末考试的语数外都在95分以上，每次都给自己奖励一辆小汽车。

妈妈也答应了。彬彬一直保持着接近满分的成绩，因此每次考试后，妈妈都会履行承诺。

后来，彬彬逐渐长大，成绩也越来越好，但是"考试成绩好，妈妈就要给奖励"的这个习惯一直没有变，只是奖励变了。

进入高中后，成绩优异的彬彬立志要考上清华，他也提出如果考上清华，就奖励他一趟旅游，爸爸妈妈也答应了。

最终，他也如愿考上了清华大学，他们一家人也进行了一次暑期游。

『习惯解析』

学习实苦且漫长，那就自己加点甜

我记得采访彬彬时，我问他："你小的时候问你妈妈要考试奖励，我可以理解。但你后来都长大上高中了，你还问你妈妈要考试奖励，你会不会觉得有点儿不好意思？"

当时彬彬说了这样一句话："学习实苦，那就自己加点甜。"

彬彬进一步解释："我们都听说过'寒窗苦读'这个词，其实从小学到高中，这一共十二年的学习，坚持下来，并不是一件很容易的事。我们在这个过程中，会遇到各种各样的问题，比如题目太难了、成绩下降了或考试失败了等，这些都有可能会让我们放弃。而且，我们还会担心，万一经过这么多年的学习，却没有在中高考中得到一个不错的'结果'，这也是让人难以坚持的另外一个原因。"

我接着追问："因为难以坚持，所以你会选择给自己加点甜，也就是问妈妈要奖励？"

彬彬回答："确实可以这样理解。因为学习的过程太漫长，也有很多的苦，为了坚持下去，我们就可以自己加点甜，而我问妈妈要考试奖励，就是让自己阶段性满足的一种方式，这样我就有每个阶段的期待，所以一直没有感觉学习太辛苦。"

这种"分阶段实现大目标"的方法在马拉松里也特别常见，比如日本有一个著名的马拉松运动员叫山田本一，他连续多次获得了马拉松比赛的冠军，震惊世界。但是他很瘦弱，身体素质也不怎么好，耐力也不怎么强，他在退役后，公布了自己的秘诀，也就是在每次比赛前，他会提前勘察要跑的路线。他每隔几公里，就会给自己做一个标记。在比赛时，他盯着每一段的目标跑，一会儿就到了。到了之后，又朝着第二个目标跑，到了第二个，接着第三个、第四个、第五个……最终，山田本一在不知不觉中，到达了终点。

我们小初高 12 年的学习，特别像一场马拉松，但是马拉松中间是不能停下的，更不能在自己标记的地点去拿一些"奖励"，只能卯足了劲一直向前跑，而我们却可以每实现一个小目标后，就给自己一些奖励，让自己更容易坚持。

『习惯养成』
勇敢奖励自己，这是坚持所需的养料

"奖励自己"具体要注意一些什么呢？

一、孩子：请大大方方地，主动奖励自己

从现在开始，各位同学，你可以大大方方地在学习的过程中奖励自己。自己考试进步了，去吃顿大餐，或者买一套心爱的书；考上了重点中学，让妈妈奖励自己一次旅行；某一次比赛获了奖，奖励自己几天的假期。

二、家长：把握好"度"和方向，且合理引导

有人认为，对孩子的学习采用"物质奖励法"会让孩子把学习和物质画上等号，甚至一旦物质奖励停止，孩子就会不愿意学习，反而不利于培养孩子的自驱力。

那怎样才能真正让"物质奖励法"发挥作用，但又不带来负面的影响呢？这需要你和爸爸妈妈做好沟通，也就是需要家长们做好以下两件事。

第一，把握好"度"和方向。

"物质奖励"的本质不是物质，而是奖励。因此，家长对孩子学习过程中的物质奖励，一定不要过度，一旦奖励太过于贵重，孩子就会把物质奖励作为努力的目标。可以在孩子取得进步、达成目标时，给一份孩子比较喜欢的，并且在家庭经济条件承受范围内的礼物。

比如，本篇的学霸案例中，彬彬的父母就奖励了他一趟旅游。还有一个我采访过的学霸说，他从小和爸妈之间就有一个约定，如果期末考试达到了目标，那么他就可以自主决

定怎么过这个暑假。这其实就是家长对奖励的形式做了一个很好的把握。

第二，做好合理的思想引导。

家长在奖励孩子时，也要做好思想的引导。比如，孩子成绩进步了，家长送上约定好的物质奖励的同时，需要表扬和激励孩子，告诉他们，这份奖励也是父母对他们的认可。孩子得到了"物质和精神"的双重满足，自然会有双倍的学习动力。

当孩子没有达成约定的目标，无法获得奖励时，家长也需要合理引导。比如，孩子期末考试没有进入约定的全班前十名，很气馁。这时，家长就可以对孩子说："你这次没有进入前十名，也不用灰心，因为妈妈看到了你的努力。我们把需要弥补的地方找出来，妈妈相信，只要你愿意继续努力，下次一定可以实现目标。虽然妈妈无法奖励你出去旅行，但是我们可以来一次周末郊区游，也是不错的啊。"

请相信，即使没有达成目标，有了家长的安慰和鼓励，孩子一定会动力满满地投入接下来的学习。

✐ 小习惯 27：
把手机锁起来，别相信你有过人的自控力

『学霸案例』
把手机锁起来，游戏男孩考上了北大

多多（化名）在高一的时候，因为受到同学的影响，爱上了打游戏，成绩从年级的前 50 名退步到了 200 多名。

班主任把多多的妈妈叫到学校，告诉她这个情况。多多的妈妈很生气，并且不敢相信，自己一直听话努力的儿子，居然迷上了游戏，成绩还倒退得这么厉害。

当天晚上，多多下了晚自习回家，还是像往常一样，直接进了自己的房间，关上了门。以前，没有特殊的事情，妈妈是不会去打扰多多的，因为她以为，多多肯定是在学习。但是那天晚上，妈妈直接进了儿子的房间，看到多多正拿着手机打游戏。

妈妈虽然生气，但还是控制住情绪，坐下来和多多讲了老师反映的情况。多多告诉妈妈，他知道自己现在因为游戏，成绩下滑严重，自己也想改掉玩游戏这个习惯，但是他看到手机就是控制不住地想玩。

多多的妈妈告诉他："手机放在你的眼前，就是一个巨大的诱惑。所以，你可以让手机从你的眼前消失，这样你就能解决这个问题。"

妈妈提议，让多多把手机交给她，锁在一个柜子里，而且钥匙也由她拿着，在学校也不要带手机。

多多接受了妈妈的提议，很快就重新把所有的时间都投入到了学习上，成绩不断进步，最终考上了北大。

『习惯解析』
不要相信自己有过人的自控力

多多曾经很努力，但还是禁不住诱惑，开始玩游戏。而且游戏成瘾后，他自己也希望戒掉，但是他做不到。

其实，多数同学在学习的过程中，都很难抵挡住外界的各种诱惑。相较于日复一日、困难不断地学习，玩手机游戏太轻松了。

很有可能，你第一次接触游戏只是因为学习太累了，想放松一下，觉得能控制住自己，只玩这一次。可现实不是如此，很多游戏的设计目的就是尽量吸引人、让人沉迷其中，大多数人是抵抗不住的。

所以，在任何时候，你都不要觉得，自己是与众不同的，拥有比别人更强的自控力。

『习惯养成』
把手机物理隔绝，有三种方式

当我们面对游戏的诱惑，或者说，面对手机的诱惑时，最简单且直接有效的方式，就是把手机锁起来。

但毕竟，一部分手机软件对学习也会有一定的帮助。那手机应该怎么锁，才能有利于学习呢？其实有三种方式。

第一种：在学习时，把手机放到自己看不见的地方。

在你学习的时候，把手机放在看不到的地方，就不会受到手机的诱惑和打扰。当你学习结束后，还是可以拿回手机。

比如，你可以把手机调成静音，放在包、抽屉里面，或者另外的房间。

你可能会说，只是放在自己看不到的地方，但依然能拿到手机，这样能起到作用吗？其实如果你能看到手机，你需要耗费一部分精力去对抗手机的诱惑，自然就不能集中注意力学习；而如果你看不到，手机就不会轻易诱惑你，这样，你自然就能集中精力了。

第二种：长时间锁起来，只在一定的时段或地方可以用手机。

我曾经采访过一个考上北大的女生，她是一个手机重度使用者，除了看剧等，她也一直把手机当作一个非常重要的学习工具，会用手机查资料等。

她"锁"手机的方式非常特别，即她只在家里使用手机，从来不把手机带到学校里去。不管是用手机来娱乐休闲，还是学习，她都只在家里进行。

第一种方式，对于自制力差一点儿的同学，其实不太适合。因为你随时可以拿到手机，总会有忍不住的时候。但第二种方式，适合绝大多数同学，你可以只在某一些时间段，或者某一个地点使用手机。这样就能保证你在核心的学习时间，不会受到手机的打扰。

第三种：完全的隔绝，自己都拿不到。

多多在高考结束后，向妈妈拿回手机时，还闹了一个笑话。因为手机锁在抽屉里的时间太长了，妈妈忘记了抽屉的钥匙放在哪里，找了很久才拿到手机。

这种需要别人帮忙才能拿到手机的方式是百分之百的完全隔绝，在一些特殊情况下，也是有必要的。比如，在手机成瘾很严重，基本不能自控的情况下；或者，在一些很重要的时间段里面，比如，高考前最后的冲刺阶段等。

随身带本"闲书"，海量输入各种知识

『学霸案例』
爱看书的女孩，考上了梦想中的北大中文系

星星（化名）从小喜欢读书，并梦想考上北大中文系——这个在她眼中全世界最好的中文系。

星星的爸爸妈妈都是知识分子，在他们家里，最多的东西就是书。在星星还很小的时候，有一天，妈妈让人撤走了客厅里的电视，取而代之的，是满满一面墙的书柜，里面有各种各样的书。

星星说，从她记事起，妈妈就给她讲绘本故事；再后来，妈妈带着她看桥梁书；学了拼音后，她就自己看带拼音的书；等她长大后，放学回家，一家人也都是在客厅里面看书，妈妈更是把这个时间叫作"家庭阅读时间"。

在这样的环境里长大，再加上妈妈的刻意培养，星星很小就爱上了读书。但她看的书是大家口中的"闲书"。星星有一个习惯，不管是去学校上学，还是周末出去玩，甚至是假期出

去旅行，她的书包里都会装一本所谓的"闲书"。只要一有时间，她就拿出来看。

不管是忙碌的初三，还是高三最后的冲刺阶段，星星都在坚持看书。高三的时候，她迷上了看小说，虽然高三超级繁忙，学习压力也很大，但她一年看完了十几本小说，还没有耽误学习。

『习惯解析』
人生没有白看的书，每一本都算数

我采访过的清北学霸中，虽然不是每个都像星星一样，包里永远放一本书，但是绝大多数都很爱看书。

为什么学霸都喜欢看书呢？或者说，为什么喜欢看书的孩子，更容易成为学霸呢？其实，这是因为看书有三个非常明显的优势。

一、看书能获得大量的背景知识，让学习变得更简单

有些家长会反感孩子看"闲书"，认为耽误了学习，这其实是一个不太科学的认知。因为看各种书，就会了解到各方面的知识，在学习具体的科目时，这些知识会作为已掌握的背景

知识出现，减少学习难度。比如，如果你看过大量的历史书，毫无疑问你在学历史这个科目的时候，会更轻松。

二、提升阅读和写作能力，语文和其他科都能直接提分

如果问一个语文老师，为什么有些同学没怎么学语文，但是成绩就是很好？

答案很简单，因为这一类学生通常都很喜欢看书。语文老师还会说，只要你喜欢看书，看的书多，语文成绩一般都不会太差。

其实这非常好理解。第一，你看的书多，文字能力就在不知不觉中提高了，语文成绩自然也就好了；第二，语文考试的很多题目都需要你阅读很长的材料，如果你的阅读能力上不去，也不可能得高分；第三，你看的书多了，积累了素材，学习了写作手法，作文肯定不会写得太差。

多看书除了能让语文成绩更好，也会让你的全科成绩直接提高。首先是文科类的题目，比如政治、历史、地理，很多题目也都是大段的材料，需要你看得快、理解得透彻；另外，文科类的大题，大多需要用长段的文字作答，如果你的文字表达能力不够好，那也会影响得分。

理科同样需要审题，而且很多题目的题干部分越来越长，材料越来越多，阅读能力影响你审题的同时，也会影响你的

得分。

再说英语，语文学不好，英语恐怕也不容易学好。因为汉语和英语都是语言，有相通的地方，如果你连语文的"主谓宾定状补"都没学明白，英语的就更不可能了。另外，如果你中文的句子和作文都写不明白，那英语自然也很难写明白。

三、知识的广度以及阅读的习惯，是一辈子的财富

一个喜欢看书的孩子，他的知识广度，以及早早养成的阅读习惯，会成为他一辈子的财富。

股神巴菲特曾经说过："我所认识的智者，没有一个不是每天读书的。"的确，每一个成功人士，几乎都是喜欢看书的。看书，是最容易实现和性价比最高的进步方式了。一本薄薄的书，很有可能是某位大师一辈子智慧的结晶，你只需要一个下午，就能全部获得。

"书中自有黄金屋。"一个热爱阅读的人，当他遇到困难时，他也会有更多的办法，会从更多元的角度去解决问题，他的内心也会更加富足。

『习惯养成』

包里总放一本书，逆袭就会悄悄来

读书有这么多好处，作为家长，要怎样培养孩子读书的习惯呢？可以按照如下的方法去做。

一、父母要行动起来，全力培养孩子读书的习惯

不是所有的孩子天生就爱读书，这需要家长专门培养。

首先，培养孩子读书的习惯，越早开始越好。

在星星的案例中，她的妈妈在她很小的时候，就开始给她读绘本，这就是在早早培养孩子的阅读习惯。越早培养，越早受益。

其次，家长要起到榜样的作用。

我曾经采访过一个妈妈，她的女儿考上了清华。她说，只要女儿一到家，她就假装看书。虽然她会打开一本书，手机放在书里面，让女儿以为她也在看书，这个方法不值得效仿，但是她想给孩子起到榜样作用的意识是对的。如果孩子看到家长每天都在刷手机，你让他去看书，他可能一句"你都不看书凭什么要我看"，就让你哑口无言了。

最后，可以设置专门的家庭读书时间。

案例中讲的星星，他们家就有专门的阅读时间。这其实是

一种很好的方式。比如每天晚饭后半小时，一家人一起看书，就非常容易让孩子养成读书的习惯。

二、读什么书没那么重要，重要的是读起来

很多家长会希望孩子看的书，一定要对学习有帮助。

但阅读是一件非常私人化的事情。每个人都有自己的爱好，孩子也一样。不同的孩子看的书，很有可能千差万别。即使是同一个孩子，他也会在不同的时间段，呈现出完全不同的阅读兴趣。

只看对学习有直接帮助的书就更不科学了。学校里面学习的科目，其实是极其有限的，但是一个人，不能只学习学校里面的知识。看各种各样的书，就是开阔孩子的视野，让孩子自由地去探索这个世界。如果去限制孩子看书的范围，孩子的知识面也会受限。

其实，读什么书并没有那么重要，重要的是读起来。不用担心孩子只看自己喜欢的东西，或是看的东西太单一。重要的是让孩子爱上阅读，养成看书的习惯。自己喜欢的书，自然更容易看下去，也就更容易养成看书的习惯，然后他就会不断去探索，只要保持这个兴趣和习惯，他未来看的书，不管是数量，还是种类，都会越来越多。

三、包里总放一本书，随时随地都可以读书

案例中，星星有包里总放一本书的习惯，这非常值得学习。其实，孩子在学习和生活中，会有很多可以利用的时间。如果包里总放着一本书，就能随时拿出来看，这样不仅把所有的碎片时间都利用上了，而且在不知不觉中，还培养了看书的习惯。

当然，"包里总放一本书"只是一种形式，它的本质是能够随时随地开始读书，给自己创造方便读书的条件。

所以，你快想想，可以怎么改造自己的生活环境，或者做一些什么事，能让自己更方便地读书吧。

（全书完）

附录

学霸的一天

课前

小习惯 01：

每日学习有清单，目标清晰成绩好

小习惯 02：

每天预习半小时，遥遥领先第一步

课堂

小习惯 03：

"主动出击式"听讲，实现课堂每分钟的价值

做作业前

小习惯 04 ：

课后三分钟总结，投入少、收获大的小诀窍

小习惯 05 ：

做作业前先复习，学习效率至少高三倍

小习惯 08 ：

做题之前想目的，做题之后想收获

小习惯 10 ：

自降学习难度，从简单的地方开始

做作业时

小习惯 06 ：

"不中断式"做作业，更容易发现你的问题

小习惯 27 ：

把手机锁起来，别相信你有过人的自控力

备考

小习惯 11 ：

刷题时多想少写，节约一切可能的时间

小习惯 12：

坚持查漏补缺，让成绩倒退成为"不可能"

小习惯 15：

脑中预演考试全程，不再害怕考场意外

小习惯 17：

答题"模板化"，把得分变得确定

考试

小习惯 16：

慢审题，快作答，有效提高分数

小习惯 18：

把字写清晰，拿满卷面分

小习惯 19：

考试多带一支笔，不知不觉把分提

小习惯 20：

轻轻一折草稿纸，考试不再粗心丢分

考后

小习惯 21：

考后必做试卷分析，在意分数你就"错"了

小习惯 26：

习惯性奖励自己，给学习增加一点甜

碎片时间

小习惯 09：

随身带个小本子，合理利用碎片时间

小习惯 28：

随身带本"闲书"，海量输入各种知识

休息

小习惯 07：

睡前脑海"过电影"，快速回忆当日所学

小习惯 22：

吃好睡好玩好，让身体能量满满

学霸还会做的事

小习惯 13：

从一而终，把一套方法用到极致

小习惯 14：

加大火力，一次集中解决一个问题

小习惯 23：

马上行动，不去执行一切都是空谈

小习惯 24：

定时定点学习，快速进入学习状态

小习惯 25：

保持情绪稳定，别被情绪绑架

学霸小习惯

作者 _ 廖恒

产品经理 _ 方舟　　装帧设计 _ 朱大锤　　产品总监 _ 熊悦妍

技术编辑 _ 顾逸飞　　责任印制 _ 杨景依　　出品人 _ 王誉

果麦

www.guomai.cn

以 微 小 的 力 量 推 动 文 明

图书在版编目（CIP）数据

学霸小习惯 / 廖恒著. -- 天津：天津教育出版社，
2023.10（2024.4重印）
（极简学习系列）
ISBN 978-7-5309-9014-8

Ⅰ.①学… Ⅱ.①廖… Ⅲ.①学习方法 Ⅳ.
①G442

中国国家版本馆CIP数据核字（2023）第190558号

学霸小习惯
XUEBA XIAO XIGUAN

出 版 人	黄　沛
作　　者	廖　恒
责任编辑	常　浩
装帧设计	朱大锤
出版发行	天津出版传媒集团 天津教育出版社
地　　址	天津市和平区西康路35号
邮政编码	300051
电　　话	（022）23332301（营销部） （022）23332419（总编室）
网　　址	http://www.tjeph.com.cn
经　　销	新华书店
印　　刷	北京世纪恒宇印刷有限公司
版　　次	2023年10月第1版
印　　次	2024年4月第5次印刷
规　　格	32开（880毫米×1230毫米）
字　　数	90千字
印　　张	5.25
定　　价	39.80元